SIE WERDEN LACHEN!

ISBN: 978-3-990242-24-7
1. Auflage

Peter Meissner

SIE WERDEN LACHEN!

99 vergnügliche Geschichten aus dem täglichen Leben

KRAL
VERLAG

INHALT

ERKLÄRUNG

Nein, heuer schreibe ich ausnahmsweise kein Buch!

Ganz bestimmt nicht! Ich möchte nicht schon wieder krampfhaft meine Umgebung belauern müssen, immer in der Hoffnung, dass sich irgendwo eine Pointe ergibt. Und ich will keinesfalls über einen Buchtitel nachdenken.

Auch meine Frau hat heuer überhaupt keine Lust, meine Texte zu korrigieren, und selbst wenn mir ein paar Geschichten einfallen sollten, käme das alles viel zu plötzlich. So ein neues Buchprojekt müsste man sich erst einmal gründlich überlegen.

Vielleicht könnte ich das auch irgendwann einmal tun und eventuell nächste Woche oder morgen Bescheid geben, aber jetzt im Augenblick kann ich wirklich nicht mehr sagen als: Meinetwegen, ich mach's.

Genau genommen hab ich's schon gemacht und kann es kaum erwarten, dass Sie dieses Buch endlich lesen!

Wenn man in der Früh aufsteht – was den meisten Menschen ja ohnehin schon schwer genug fällt – dann wünscht man sich alles andere, nur keine …

SPINNE AM MORGEN

Ich kam aus der Dusche und erschrak. Vor mir auf dem weißen Fliesenboden saß eine fette, große Spinne. Ich bin zwar nicht wirklich abergläubisch, aber das Sprichwort *Spinne am Morgen bringt Kummer und Sorgen* hatte in diesem Moment so greifbare Gestalt angenommen, dass ich es einfach nicht ignorieren konnte.

Ganz offensichtlich hatte aber auch die Spinne einen Mordsschreck bekommen. *Mensch am Morgen…* hieß es wahrscheinlich in ihren Kreisen, und so lief sie so schnell sie konnte zum rettenden Spalt unter dem Badezimmerkasten. Dabei kam sie mit ihren acht Beinen irgendwie durcheinander und machte einen klatschenden Bauchfleck.

Ich hörte das natürlich nicht, weil man als Mensch Spinnenbauchflecke grundsätzlich nicht wahrnimmt und weil ich außerdem damit beschäftigt war, mit meinen nassen Füßen unfallfrei den Handtuchhalter zu erreichen. Bei mir ging alles gut, doch für die Spinne begann tatsächlich eine bemerkenswerte Pechsträhne.

Zuerst entdeckte sie, dass ihr kunstvolles Netz verschwunden war, das sie erst gestern über die Vorzimmerlampe gespannt hatte. Die Putzfrau hatte es mit dem Besen weggefegt, und so musste die Spinne wieder ganz von vorne beginnen.

Leise fluchend spannte sie Faden um Faden, knüpfte und knotete dahin, bis sie merkte, dass ihr ein Faden übrig geblieben war. Während sie noch nachdachte, wohin der gehören könnte, verfing sich plötzlich eine Fliege in ihrem halbfertigen Netz. Die zum übertriebenen Perfektionismus neigende Spinne rief: „Zu früh! Verschwinde, diese Falle ist noch im Bau!"

Mit Fußtritten der Beine eins bis vier warf sie das Insekt hinaus, und als endlich alles fix und fertig war, ließ sich natürlich weder diese verdammte Fliege wieder sehen noch irgendeine andere Beute.

„So hab ich mir das vorgestellt!", murmelte die Spinne. Und während sie müde und hungrig aus ihrem Netz kletterte, um ein wenig Bewegung zu machen, passierte ihr etwas, was Spinnen ziemlich peinlich ist: Sie betrat einen falschen Faden und blieb in ihrem eigenen Netz hängen.

„So ein Scheißtag!", fluchte sie, während sie sich mühsam befreite, und seither vermeidet sie es unter allen Umständen, mir am Morgen in die Quere zu kommen. Denn die Spinne ist offensichtlich abergläubischer als ich.

Ob mit oder ohne Spinne, der Tag nimmt unweigerlich seinen Lauf. Man schaltet das Mobiltelefon ein, und die erste Nachricht ist hoffentlich nicht gleich ein …

ANRUF VON DER BANK

„Hallo, wer spricht?"

„Ihre Bank."

„Ich hab eine eigene Bank?"

„Nein, es ist nur wegen Ihrem Konto. Sie sind leider seit vier Wochen mit 2.000 Euro im Minus."

„Und wie war der Kontostand vor sechs Wochen?"

„Da waren Sie noch mit 1.000 Euro im Plus."

„Na also. Hab *ich* Sie damals angerufen?"

„Nein, aber es wäre gar nicht schlecht gewesen, weil dann hätten wir uns eine schöne Anlageform überlegen können."

„Sie meinen irgendwelche Aktien?"

„Zum Beispiel."

„Aktien von dieser Maschinenfirma vielleicht, die jetzt in den Keller gefallen sind, obwohl die Firma gerade ein Umsatzplus von 30 Prozent gemacht hat?"

„Tja, die Anleger haben halt mit 40 Prozent gerechnet, und jetzt sind sie enttäuscht."

„Die Anleger sind eine Horde Verrückter, außer mir natürlich."

„Wem sagen Sie das! Mitten in der Krise ist einer gekommen und hat mich gefragt, ob jetzt sein ganzes Geld weg wäre."

„Was haben Sie ihm gesagt?"

„Ihr Geld ist nicht weg, es gehört jetzt nur jemandem anderen."

„Für mich wäre das ein schwacher Trost!"

„Sie hätten Ihre 1.000 Euro ja auch auf ein Sparbuch legen können."

„Dort wäre es sicher?"

„Nahezu hundertprozentig."

„Und wenn Ihre Bank in Konkurs geht?"

„Springt letzten Endes der Staat ein."

„Und wenn der pleite ist?"

„Dann tritt die Regierung zurück, und das wird Ihnen doch 1.000 Euro wert sein!"

Heutzutage werden an die Bürger technische Anforderungen gestellt, die vor ein paar Jahrzehnten noch völlig unbekannt waren. Sie müssen mit Fahrscheinautomaten genauso zurechtkommen wie mit einem Bankomaten …

AM BAHNHOF

„Entschuldigen, können Sie mir helfen bei dem Abarad?", sagte ein Mann, dessen rollende Aussprache vermuten ließ, dass er mehrere Gläser zuviel getrunken hatte. „I hab meine Brillen anbaut, und ohne die bin i derschossen!"

„Wo wollen S' denn hin?", fragte einer der am Bahnsteig auf den Zug wartenden Menschen.

„Zu meiner Schwester!"

„Mit der Information fang i gar nix an."

„Also, i bin meiner Schwester 200 Euro schuldig, und die müsst i halt abheben!"

„Sagen S' mir lieber, wo ihr Schwester z'Haus is!"

„Des geht Ihnen gar nix an!"

„I muß ja wissen, wo Sie aussteigen wollen!"

„Und mei Bankomatcode interessiert Ihnen net?"

„Ich wüsste nicht warum!"

„Weil Sie eahm bitte für mi eingeben soll'n. Die Zahlen san 1111."

„Hören S', die können S' doch net jedem erzähln! Die san doch geheim!"

„Die san ja immer no geheim, weil i Ihnen no gar net die Reihenfolge verraten hab!"

14

„Sagen S' mir jetzt endlich Ihren Zielbahnhof!"

„Was für a Zielbahnhof? I brauch 200 Euro!"

„Die werd'n S' aber da net kriegen, des is nämlich a Fahrschein-automat!"

„San Sie da ganz sicher?"

„Hundertprozentig!"

„Na, dann drucken S' ma halt in Gottes Namen an Fahrschein!"

„Und mit was für an Geld?"

„Mit dem, was ma eben da jetzt abheben sollten. Den Code hab i Ihnen eh schon gsagt!"

„Tut ma leid, Sie können mi gern hab'n. I hab jetzt leider ka Zeit mehr für Sie!"

„Eine Hilfsbereitschaft is des heutzutag! Dabei hätt er ma ja nur an Fahrschein bis zum nächsten Bankomaten ausdrucken müssen!"

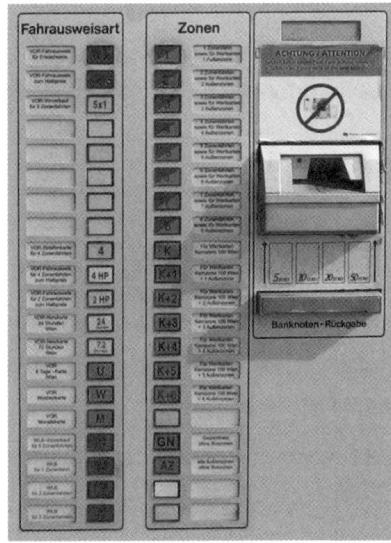

Dass Haarshampoo nicht als Brotaufstrich verwendet werden sollte, weiß jedes Kind. Trotzdem gibt es offensichtlich immer wieder Menschen, die es versuchen und anschließend einen Musterprozess führen. Er ist also wirklich wichtig, der ...

KONSUMENTENSCHUTZ

Im Sinne des Konsumentenschutzes wird darauf hingewiesen,

• dass Kopfsprünge in die Badewanne bei einem Wasserstand von weniger als dreißig Zentimeter gefährlich werden können,

• dass Klobrillen nicht als Sehbehelf zugelassen sind,

• dass ein Betreten des eingeschalteten Mikrowellenherdes zu ernsten Verletzungen führen kann,

• dass sich sehr kleine Kleinkinder keinesfalls im Saugbereich des Staubsaugers aufhalten dürfen,

• dass Glühbirnen ungenießbar sind und daher auch nichts im Fruchtsalat verloren haben,

• dass der Gebrauch von Nudelwalkern nicht zur Austragung von Meinungsverschiedenheiten unter Konsumenten zugelassen ist,

• dass Rauchen Ihre Gesundheit gefährdet, insbesondere dann, wenn der Qualm aus dem Fernseher kommt,

• dass sich ein Bügeleisen absolut nicht zum Glätten von Hautfalten eignet,

• dass mit dem Zimmerfahrrad höchstens Schrittgeschwindigkeit gefahren werden darf und schließlich

• dass beim Sprengen des Rasens auf eine hinreichend lange Zündschnur geachtet werden muss.

Kennen Sie sich beim Telefonieren noch aus, bei all den Grund- und Gesprächsentgelten, Bonusstufen und Datenraten? Es gibt ja unzählige und täglich neue …

HANDYTARIFE

„Also, welche Möglichkeiten hab ich da jetzt?", fragte der Kunde die Beraterin im Handyshop.

„Kommt drauf an: Wenn Sie viel telefonieren wollen, wäre zum Beispiel der Talk-Economy-Tarif zu empfehlen. Der kommt auf monatlich 59 Euro, dafür haben Sie unlimitierte Gesprächsminuten und SMS."

„Na, unlimitiert brauch i's net. Alles mit Maß und Ziel …"

„Für sparsame Telefonierer gibt's den Speak-Free mit 7.90 Euro, da haben Sie allerdings nur 500 Freiminuten."

„Das wird vielleicht wieder a bisserl knapp. Sie kennen die Tante Susi net. Wenn die einmal zum Reden anfangt, hört s' net so schnell wieder auf!"

„Dann hätte ich für Sie den Only-Listen-Tarif. Da können Sie zwar selbst nichts reden aber dafür unbegrenzt zuhören!"

„I muß sie ja wenigstens fragen können, was es Neues gibt!"

„Wenn Sie das wissen wollen, nehmen Sie vielleicht unser Hot-News-Angebot. Da kriegen Sie sogar Nachrichten über Sachen, die noch gar nicht passiert sind!"

„Das ist mir zu unpersönlich."

„In diesem Fall überlegen Sie sich doch den Ten-Minutes-Personal-Tarif! Da ruft Sie drei Mal täglich jemand an und erzählt Ihnen zehn Minuten lang, was Sie wollen!"

„Vielleicht geht mir das doch wieder auf die Nerven …"

„Dann wäre das Super-Silence-Paket für Sie das Richtige: Sie können mit niemandem sprechen, und es kann Sie auch garantiert niemand erreichen. 24 Stunden am Tag um nur 99 Euro monatlich!"

„I glaub, des nimm i!"

„Und wenn Sie noch zehn Euro drauflegen, gibt's außerdem keine SMS!"

Früher hätte ich gesagt, dass jeder über dreißig alt ist – in meinem jetzigen Alter sehe ich das natürlich wesentlich differenzierter. Heute würde ich sagen, wenn du einige Jahrzehnte Lebenserfahrung gesammelt hast, …

DANN BIST DU ERWACHSEN *(Lied)*

Wenn du dich ärgerst, dass die Party beim Nachbarn so laut is und nimmer konzentrieren kannst, wenn nebenbei das Radio rennt. Wenn du dich auf an völlig faden Urlaub in Hintertupfing freust und ab zehn Uhr auf d' Nacht nix mehr Schweres essen willst. Wenn du nimmer so lang schlafen kannst, weil dir das Kreuz weh tut und ka neues Handy willst, weils d' endlich des alte begriffen hast. Wenn dir die Arme beim Zeitung lesen immer kürzer werd'n und du bei dein Auto kan Wert mehr auf Liegesitze legst …

Dann bist du erwachsen, is des net fein?
Des wollt'st doch immer sein!

Wenn du zum Überlegen anfangst, wann du in Pension gehen kannst, und ma deine Lieblingslieder auf einmal in einer Oldie-Sendung spielt. Wenn du dir zum ersten Mal zum Baden an Campingsessel mitnimmst und merkst, dass dir die Klimaanlage auf die Schulter blast. Wenn a französisches Bett für dich plötzlich zum Alptraum wird und du dir zum ersten Mal an Rosamund Pilcher-Film anschaust. Wenn du glei mitredst, wenn jemand von *Schirm, Charme und Melone* erzählt und beim Eduscho so nebenbei a Blutdruckmessgerät kaufst …

Dann bist du erwachsen, na sag'n ma halt,
dann wirst vielleicht doch a bisserl alt!

Sie kennen das alte Sprichwort: Geteiltes Leid ist halbes Leid. Allerdings stimmt das nicht immer. Es gibt nämlich auch Gelegenheiten, bei denen alles noch schlimmer wird, wenn man von seinen Sorgen erzählt. Zum Beispiel von …

SCHMERZEN IM ARM

Unlängst hab ich wirklich unangenehme Schmerzen im rechten Arm gehabt, und wie das bei mir so ist, brach sofort das Selbstmitleid aus. So was Blödes, hab ich mir gedacht. Jetzt könnte ich nicht einmal Volleyball spielen oder Gewichtheben, wenn's drauf ankäme, und es ist so gesehen wirklich ein Glück, dass ich diese Sportarten gar nicht ausübe.

Gut, ich erzähle also einem Bürokollegen von meinem Leiden, und der beginnt sofort mit seiner persönlichen Diagnose, weil er selber ein Mensch ist, der praktisch alles schon einmal gehabt hat. Er tippt auf die Halswirbelsäule, die angeblich sehr gerne überallhin ausstrahlt, möglich wäre aber auch irgendein zu enger Tunnel, Kardinal … Karpaltunnel oder so. Ob ich nicht auch manchmal so ein Taubheitsgefühl im linken Fuß hätte, wollte mein Kollege wissen, das wäre nämlich ganz typisch und dauere dann mindestens ein Jahr. Er wüsste aber drei sehr gute Ärzte und zwei Therapeuten, die das Leiden auf 12 Monate verkürzen könnten.

Ich beende unser Gespräch völlig deprimiert, und plötzlich fällt mir ein, dass ich vor zwei Tagen mit dem Schlagbohrer zwei Löcher in die Badezimmerwand gebohrt habe, um einen Spiegel zu montieren.

Es handelte sich also um einen ganz ordinären Muskelkater. Ich kann Ihnen sagen, so genossen hab ich den noch nie!

Szenen beim Arzt zählen zu den beliebtesten Themen am Kabarett. Ich kann es mir selbst nicht ganz erklären, warum das so ist. Aber versuchen wir's doch auch einmal, mit einem Besuch …

BEIM AUGENARZT

„Herr Doktor, ich brauche eine neue Brille!"

„Kurzsichtig oder weitsichtig?"

„Durchsichtig!"

„Na ja, nehmen Sie erst einmal Platz und lesen Sie mir die Buchstaben vor."

„Welche Buchstaben?"

„Die da an der Tafel!"

„Welche Tafel?"

„Die Tafel, die an der Wand hängt!"

„Welche Wand?"

„Mein lieber Herr, Sie brauchen keine Brillen, sondern einen Blindenhund!"

„Was mach ich denn mit einem blinden Hund?"

„Ein Blindenhund ist ein Hund, der einen Blinden zum Beispiel zum Doktor begleitet!"

„Und was soll ich beim Doktor?"

„Untersuchen lassen, was Ihnen fehlt!"

„Mir fehlt ja nichts, außer der Brille!"

„Das lassen Sie nur meine Sorge sein. Wenn ich Sie lange genug untersuche, werden wir bestimmt was finden!"

„Ich glaube, ich weiß schon was: Seit drei Tagen habe ich ein Weizenbrösel!"

„Ein was?"

„Ein Weizenbrösel!"

„Ja, ich seh schon, Sie meinen ein Gerstenkorn."

„Genau, kann man da was machen?"

„Ich würde es auf jeden Fall im Auge behalten."

„Oft habe ich auch so ein Flimmern!"

„Dann schauen Sie einfach nicht hin."

„Und manchmal sehe ich alles doppelt!"

„Dann machen Sie ein Auge zu."

„Herr Doktor, ich fürchte, Sie nehmen mich nicht ganz ernst. Sie müssen bedenken, dass es für mich beruflich eine Katastrophe wäre, wenn meine Sehkraft nachlassen würde!"

„Was sind Sie denn von Beruf?"

„Hellseher!"

Natürlich lassen die Leistungen mancher Organe des menschlichen Körpers im Alter nach – ich wollte natürlich sagen *beim Erwachsenwerden*. Oft treffen einander dann …

ZWEI, DIE SICH ERGÄNZEN

„Entschuldigen Sie Herr Horvath, ich hab Sie gar net g'sehn!"

„Hab'n Sie was g'sagt?"

„G'sehn hab i Sie net!"

„Ich versteh Sie leider so schlecht!"

„Ja, alt sollst net werd'n!"

„Na, ois sollst net hör'n ... Aber i hab mir jetzt trotzdem a neues Hörgerät kauft!"

„Wieso hören S' dann immer no nix?"

„Himmelfix, Sie sagen es! Ich hab's vorhin rausg'nommen und find's jetzt nimmer!"

„I kann Ihnen leider net suchen helfen! I hab grad meine Brillen verlegt!"

„Versteckt ...?"

„Na, hören S' amal zu!"

„Schauen S'amal her!"

„Herr Horvath, mir fallt grad was auf!"

„Was sag'n Sie?"

(sehr laut ins Ohr von Herrn Horvath) „Gemeinsam san mir unschlagbar!!!"

Überall dort, wo Menschen auf engem Raum miteinander auskommen müssen, kommt es früher oder später zu Spannungen.
Das beginnt schon bei verhältnismäßig kurzen Fahrten …

IM AUTOBUS

„Hallo, bei Ihnen zirpt's! Könnten Sie Ihre Ohrstöpseln nicht a
bisserl leiser machen? Das hört man ja im ganzen Bus. Wie
halten Sie dieses ewige *umtschak, umtschak* eigentlich aus?
Ich mache Sie aufmerksam: Sie hauen sich Ihre Ohrwascheln
z'samm und meine dazu! Bei so und so viel Dings fangen die
bleibenden Gehörschäden an! … Ampere oder Volt oder so
… aber Sie hab'n ja eh keine Ahnung. Müssen Sie außerdem
grad neben mir sitzen?"

Der *Umtschak*-Lärmerreger blieb völlig unbeeindruckt, deshalb wurde der genervte Fahrgast konkret:

„Ich sag Ihnen was: Entweder Sie verschwinden, oder ich pack
mei Quargelbrot aus!"

Da weiterhin keine Reaktion erfolgte, wurde das Brot ausge-
wickelt, mit einem Quargel, der schon so reif war, dass er bei-
nahe tropfte. Schnell verbreitete sich ein entsprechendes Aro-
ma, und der *Umtschak* stieg tatsächlich bei der nächsten Station aus. Wahrscheinlich aber nur deshalb, weil er das sowieso
vorgehabt hatte.

Nun war plötzlich der Gestanksverbreiter im Mittelpunkt des
Interesses:

„Entschuldigen Sie!", sagte ein Fahrgast. „Sie können doch net
mit ihrem Mörderkäs den ganzen Bus terrorisieren. Der stinkt
ja wie hundert Schweißfüaß! Wenn des jeder macht, trifft den
Busfahrer am End der Schlag, und wir fahren alle in Himmel.
Packen S' die Stinkbomben sofort wieder ein!"

Der Quargelesser dachte aber nicht an Kapitulation. Immerhin war durch den Abgang des *Umtschak*-Jugendlichen sein Nebensitz frei geworden, sodass er darauf seine Tasche abstellen konnte. Und solange er sein Brot aß, würde sich dort auch niemand hinsetzen wollen.

Das änderte sich in der nächsten Station. Da stieg nämlich eine Frau ein, die wegen eines starken Schnupfens jede Geruchsempfindung verloren hatte, und nahm neben dem Quargelesser Platz. Es dauerte keine zwei Minuten, und sie wurde von einem Husten-, Nies- und Schnäuzanfall heimgesucht, dass die Viren in der Luft nur so flimmerten. Beim nächsten Halt ergriff der Quargelesser daher die Flucht, und welche zwischenmenschlichen Tragödien sich danach noch ereigneten, soll hier gar nicht beschrieben werden.

Aber bitte, ich frage Sie, wie kann denn die Menschheit friedlich miteinander auskommen, wenn das schon im Bus nicht funktioniert?

Die Fernsehprogrammgestalter haben es ja nicht leicht. Dem einen spielen sie zu wenig Kultur, dem anderen zu wenig Sport. Wieder andere regen sich über die vielen Wiederholungen auf, und für manche gibt es zu viel …

GEWALT IM FERNSEHEN

„Hallo, spreche ich mit dem Fernseh-Kundendienst?"

„Ja bitte?"

„Ich möchte mich über den gestrigen Krimiabend beschweren!"

„War er Ihnen zu gewalttätig?"

„Im Gegenteil! Der war ja megastinklangweilig!"

„Aber wir haben doch drei Spitzenthriller hintereinander gespielt: ‚Mord unter der Kellertreppe', ‚Das letzte Krügel' und ‚Drei Sekunden zur Ewigkeit'!"

„Na und? Ich habe genau Buch geführt und bin auf gerade einmal zwölf Straftaten gekommen: fünf Morde, drei Erpressungen und vier Einbrüche. Das ist lächerlich! Dafür zahle ich meine Gebühren?"

„Sie haben die Sachbeschädigungen vergessen! Wir hatten drei wunderbare Explosionen im Programm, einen geborstenen Staudamm, zwei Großbrände und fünfundzwanzig zu Schrott gefahrene Autos!"

„Na hören Sie? Da seh ich ja in einem alten Zeichentrickfilm mit Donald Duck und den Panzerknackern noch mehr Action, außerdem haben Sie in Ihrer Statistik wahrscheinlich die Nachrichten mitgerechnet!"

„Schade, dass Ihnen unser Fernsehabend gestern nicht gefallen hat, aber Sie sind offensichtlich ein besonders harter Typ!"

„Das stimmt allerdings! Ich bin da nicht so leicht abzuspeisen wie irgendwelche Weicheier!"

„Na ja, dann wird Ihnen der heutige Hauptabendfilm wahrscheinlich auch nicht gefallen. Es geht um ein entführtes Meerschweinchen …"

„Was sagen Sie? Ein Meerschweinchen … wird entführt? Dann muss ich jetzt schon protestieren!! Als begeisterter Kleintierzüchter muss ich mir ja schließlich nicht jede Brutalität am Bildschirm gefallen lassen! Guten Tag!"

Brutal wird's im Fernsehen auch in Vorwahlzeiten. Da treten die Politiker aller Parteien gegeneinander an und bewerfen einander mit allseits bekannten Phrasen. Dabei könnte man diese Auseinandersetzungen ganz einfach auf ein erträgliches Maß reduzieren – mit einer neuen Art der …

WAHLKAMPFDISKUSSION

„Guten Abend, meine Damen und Herren, ich begrüße Sie zur Konfrontation der beiden Spitzenkandidaten, deren zehn Wahlkampfargumente wie gewohnt auf unserer Teletextseite 0815 aufgelistet sind. Hier gleich meine Frage an beide Gäste: Was wollen Sie tun, um Österreich aus der Krise zu führen?"

„Zuerst einmal möchte ich daran erinnern, dass nicht wir an dieser Krise schuld sind, sondern ihre Partei, die unseren Lösungsvorschlag A1 abgelehnt hat!"

„A1 ist keine Lösung, sondern unüberlegt und völlig wirkungslos. Sinnvoll ist einzig und allein unser B4. Aber den haben Sie ja nie wirklich gelesen, geschweige denn verstanden!"

„Lesen Sie erst einmal unseren A7. Da steht genau drin, warum ihr B4 von Grund auf falsch ist …."

„Ihr A7 ist eine fade Ansammlung von Binsenweisheiten!"

„Lassen Sie mich bitte ausreden! Vorrang hat doch letzten Endes, dass wir eine Politik für die Menschen brauchen, so wie wir sie in unserem A4 klar und deutlich machen!"

„Ich antworte darauf nur mit einem entschlossenen B2, weil B2 auch weiterhin B2 bleiben muss!"

„Ich habe ihren lächerlichen B2 hier mitgebracht, und da sind so viele Rechtschreibfehler drin, dass eine PISA-Kommission ein ganzes Jahr lang davon leben könnte!"

„Das sind die neuen Rechtschreibregeln, die an Ihnen natürlich spurlos vorüber gegangen sind!"

„Jetzt reicht's aber. Ich sage darauf nur A6!"

„Frechheit! Dafür gebührt Ihnen ein herzhaftes B10!"

„Meine Damen und Herren, soweit die heutige Diskussion der Spitzenkandidaten. Wenn Sie jetzt auf unserer Teletextseite 0815 nachlesen, was A6 und B10 bedeuten, muss ich Sie darauf aufmerksam machen, dass der dort wiedergegebene Inhalt für Jugendliche nicht geeignet ist."

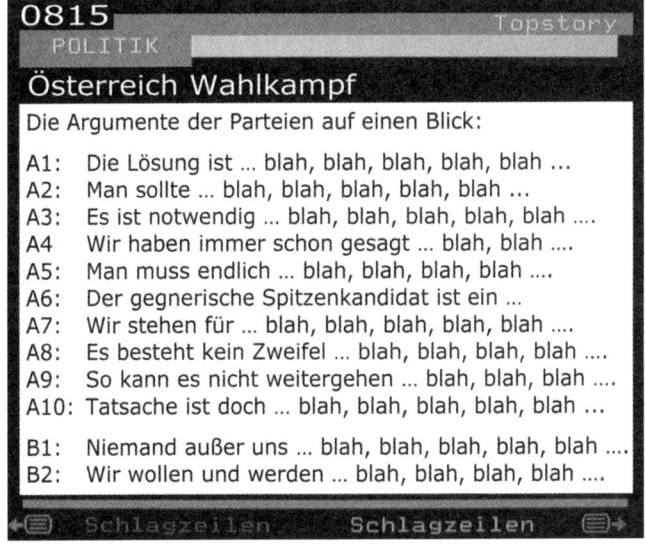

Es gibt Menschen, die sind chronische Besserwisser, und erzählen einem auch das, was man gar nicht wissen wollte. In meinem Lied ist dieser anstrengende Zeitgenosse …

DER REINI *(Lied)*

Der Reini, der is super, der Reini is gescheit,
der Reini hat Erfahrung und ist immer hilfsbereit,
der Reini is der Größte und hört's gern, wenn man das sagt,
der Reini weiß die Antwort noch bevor man ihn was fragt!

Der Reini schaut beim Auto vorn in den Motor rein,
und weiß auch gleich, was hin is muss die Wasserpumpe sein,
der Reini hält den Ölmessstab entschlossen in der Hand
und sagt: „Da schaut's die Kerze, die is völlig abgebrannt!"

Reini hat den vollen Durchblick, Reini ist stets obenauf,
kennt die Tricks zum Steuersparen und zum Grundstückskauf,
Reini kann man nichts erzählen, Reini kennt die ganze Welt,
er ist einer von den Menschen, die uns zeigen, was uns fehlt!

Der Reini weiß beim Wandern, wo man am besten geht,
nur er sieht auf der Karte, wo das nächste Wirtshaus steht,
der Reini führt dann alle stundenlang im Kreis herum,
und wenn er sich verirrt hat, weiß er immer gleich warum!

Der Reini, der ist Spitze, auch in der Wissenschaft,
kein Fachgebiet ist ihm zu schwierig und zu rätselhaft,
und findet man im Weltraum heute eine Sensation,
ein paar neue Planeten, kennt sie Reini sicher schon!

Reini sieht stets alles kommen, nur das Schild, das sah er nicht,
daß der Lift außer Betrieb ist, weil ma irgendwo was richt.
Und so bringe ich dem Reini heute einen Blumenstrauß,
doch er kommt ja nächste Woche wieder aus'm Krankenhaus!
Weil auch die Ärzte halten ihn nicht aus,
der Reini kennt sich nämlich auch medizinisch sehr gut aus!

Angeben ist das halbe Leben, aber was macht man, wenn der Gesprächspartner noch dicker aufträgt als man selbst? Dann muss man ihn seinerseits wieder übertreffen, und alles wird immer …

GRÖSSER, BESSER UND ÄRGER

„Was sagen Sie zu dem Sturm in der Nacht?"

„Ein Wahnsinn! Bei uns hat er auf der Terrasse alle Sesseln umgeschmissen!"

„Bei uns sind die Gartenmöbeln überhaupt gleich zum Nachbarn geflogen! Und der Regen dazu, da müssen mindestens zehn Zentimeter Niederschlag g'fallen sein!"

„Bei uns mindestens fünfzig, weil sogar das Biotop übergangen is. Das haben wir jetzt schon über fünf Jahre, und so was ist noch nie passiert!"

„Wir haben unser Biotop schon zehn Jahre."

„Wir eigentlich schon zwanzig, aber vor fünf Jahren haben wir's vergrößert. Da kann man jetzt auch wunderbar schwimmen!"

„In unserem können Sie sogar Motorboot fahren!"

„Gibt's bei Ihnen auch einen Frosch?"

„Was heißt einen? Die quaken die halbe Nacht, und ich kann dann sehr schlecht schlafen!"

„Wir haben mindestens hundert Frösche. Die quaken die *ganze* Nacht, und ich mach überhaupt kein Auge zu! Gestern bin ich im Bus vor lauter Müdigkeit eing'schlafen und erst wieder aufgewacht, wie er in der Betriebsgarage g'standen ist!"

„Das ist gar nichts! Ich hab einmal im Bus dahingedöst, und wie ich aufgewacht bin, war ich in Rom!"

„So weit ist der g'fahren?"

„Nein, wir sind damals in Rom auf Urlaub gewesen."

„Sehr gut … wenn wir Urlaub machen, dann fliegen wir lieber gleich auf die Malediven, nur war's da letztes Mal so heiß, dass wir gar nicht duschen konnten. Das Wasser ist schon zwischen Duschkopf und Haut verdunstet!"

„Wie wir unlängst in Australien waren hat der Koch die Eierspeis auf der Kühlerhaube vom Geländewagen g'macht!"

„Nein, so extrem mag ich's gar nimmer! Wir haben uns vorgenommen, wir verbringen den nächsten Urlaub einfach bei uns zu Haus auf der Terrasse."

„Aber Ihnen hat doch der Sturm die Gartenmöbel wegblasen?"

„Nein, bei uns war der Wind gar nicht so arg. Unser Haus steht in einer sehr geschützten Lage!"

„Ich muss Ihnen sagen, unseres liegt sogar so günstig, dass wir's gar nicht mit'kriegt haben, dass da ein Sturm gewesen wär!"

„Was für a Sturm …?"

Es ist unglaublich, wie schnell man als grundsätzlich braver Ehemann in Schwierigkeiten kommen kann. Da genügt schon ein kleiner Zettel mit der Notiz …

MONI 37 46 310

Es war ein netter Heurigenabend gewesen, und wir wollten zahlen. Ich schob meiner Frau mein Geldbörsel rüber, und sie suchte nach einem 20-Euro-Schein.

„Aha", sagte sie so nebenbei. „Da hast du ja einen geheimnisvollen Zettel drin!"

Sie legte ihn mir vor die Nase und ich las eine handgekritzelte Botschaft:

Moni 37 46 310.

„Was soll das heißen", fragte meine Frau nun ganz konkret. Ich hatte wirklich keine Ahnung und damit schlechte Voraussetzungen, den Zettel irgendwie zu erklären. Denn schnell etwas Plausibles erfinden liegt mir nicht, und so, wie ich mir jetzt den Kopf zerbrach, wirkte ich wahrscheinlich wie ein schauspielerischer Dilettant.

„Lass mich nachdenken!", sagte ich, und kein Mensch hätte mir in diesem Moment abgenommen, dass ich den Zettel tatsächlich zum ersten Mal sah.

„Also, irgendwie muss er ja in dein Geldbörsel reingekommen sein!", sagte meine Frau nun schon etwas nachdrücklicher. Zumindest empfand ich das so.

Verdammt, ich kannte keine Monika mit der ich per Moni war. Wenn es wenigstens wirklich die Botschaft einer hübschen Bekannten wäre, dachte ich, während meine Frau die Notiz mit einem schnippischen „Na ja!" wieder in meine Börse steckte.

Die nächsten Tage vermieden wir es krampfhaft, über den Zettel zu reden, während ich heimlich die Ziffernkombination 37 46 310 mit verschiedenen gängigen Handyvorwahlen ergänzte und durchtelefonierte. Es meldeten sich aber leider nur eine Speditionsfirma, ein Psychotherapeut, ein fast unverständlicher rumänischer Autohändler – und leider keine Moni.

Die Frage war nun: Wie verbirgt man ein schlechtes Gewissen, wenn man gar keines hat? Also jedenfalls kein schlechtes. Ich wusste, dass die Angelegenheit bald bereinigt werden sollte, und in dieser angespannten Stimmung fuhren meine Frau und ich einige Tage später einkaufen. Wir besuchten dabei auch ein Computerfachgeschäft, wo ich mich wegen eines Garantiefalles erkundigte.

„Mir ham des Gerät einschicken müssen. Wenn S' ma die Auftragsnummer sagen, dann schau ma, ob's scho wieder da is!", sagte der Verkäufer und fügte hinzu:

„I hab's Ihnen ja aufg'schrieben! Ham S' den Zettel no?"

Ich zögerte eine Sekunde und zog dann das kleine Papierl triumphierend aus dem Geldbörsel. Na also, da stand ja die Nummer und daneben Moni – wie Monitor.

Meine Frau hat mich daraufhin als Wiedergutmachung zum Essen eingeladen. Gehört sich auch, oder?

Wenn Männer und Frauen gemeinsam einkaufen gehen, dann ist das oft mit gewissen unterschwelligen Spannungen verbunden. In der folgenden Szene unterhalten sich zwei Frauen über einen kürzlich erfolgten …

KLEIDERKAUF

„A schönes neues Kleid hast du!"

„Gell! Ich hab mir's erst gestern kauft. Leider war mein Mann dabei und hat mich alle drei Minuten g'fragt, wie lang ich jetzt no brauch!"

„Hättst ihn halt derweil in die Elektroabteilung g'schickt!"

„Hab ich eh! Da war er am Vormittag, aber am Nachmittag wollt er dort nimmer bleiben!"

„Mühsam! Da macht des G'wand kaufen kan Spaß …"

„Endlich hat ihm der Verkäufer a paar Sakkos zum Probieren geben, damit er beschäftigt is, und g'meint, die passerten genau zu sein blassen Teint!"

„A gute Idee!"

„Mein Mann hat drauf g'sagt, den blassen Teint hätt er immer nur, wenn er mit mir einkaufen geht!"

„Mein Gott, der Arme …"

„Nach einer Stund hat er alle Sakkos durchprobiert g'habt, und dann is er wieder da g'standen!"

„Dabei sollt er doch froh sein, wenn sei Frau gut anzogen is!"

„Natürlich! Aber er hat immer nur g'matschkert: Was Rotes hast ja scho und was Grünes und was Blaues a …"

„Des verstehn die Männer net, dass ma hie und da was Neues

braucht, überhaupt wenn des alte nimmer passt!"

„Du, ich glaub übrigens, dass i draufkommen bin, wieso i im letzten Jahr so zug'nommen hab!"

„Hast zu viel g'nascht?"

„Nein, aber wenn i ma in der Dusch die Haar wasch, tu i mir mit dem Shampoo immer glei den ganzen Körper einseifen. Und unlängst hab i erst g'lesen, was auf dem Shampooflascherl draufsteht!"

„Was denn?"

„Verleiht mehr Volumen und Fülle!"

„Oh je! Aber i sag dir was d' machen kannst. I dusch mi seit kurzem immer mit G'schirrspülmittel. Weil da steht: Entfernt auch hartnäckiges Fett!"

Viele Menschen sind mit ihrem Körpergewicht unzufrieden, und die meisten von ihnen haben deshalb auch schon etwas unternommen, mit mehr oder weniger Erfolg. Keine Angst, ich möchte Ihnen jetzt keine neue Diät vorstellen, sondern eine …

INTELLIGENTE FASTENKUR

Jede Diät, wie sie nun auch heißen mag, hat ihre Wirkung, und sei es auch nur die, dass ihr Erfinder damit Geld verdient. Aber ist das wirklich sinnvoll, sich voll und ganz einer Methode zu verschreiben, um nach ein paar Monaten draufzukommen, dass sie nicht die erhoffte Wirkung hat? Ich meine, am effektivsten ist eine Kombination verschiedenster Diäten.

In der Früh lebe ich seit einiger Zeit nach der Only-Breakfast-Methode. Sie geht davon aus, dass man morgens isst so viel man kann und dafür den Rest des Tages ohne Nahrungszufuhr verbringt. Genau das mache ich und zwar bis zehn Uhr vormittags. Dann wechsle ich auf die Leberkässemmel-Diät, die ein bekannter Promi-Fleischhauer entwickelt hat. Er fand heraus, dass eine Scheibe Leberkäs genau den Energiebedarf eines Tages deckt. Da gebe ich ihm völlig recht, allerdings nur bis zum Mittagessen.

Dann halte ich mich streng an die Regeln von Franz Xaver Müller, der sagt, dass es überhaupt keine Rolle spielt was man isst, sondern nur darauf ankommt, wie man es tut. Die Devise dieses Ernährungsgurus lautet: beim Menü immer schön langsam einen Gang nach dem anderen und mehr als sechs Gänge nur, wenn es wirklich noch schmeckt.

Am Nachmittag beherzige ich die Ernährungslehre nach Dr. Tschibo, die besagt, dass Kaffee durch seine entwässernde Wirkung ein hervorragender Schlankmacher ist. Damit er besser wirkt, genieße ich ihn gern mit einer Malakofftorte und Schlagobers.

Mein Abendessen steht ganz im Zeichen der uralten Regeln der Heiligen Hildegard von Chardonnay. Sie hat bekanntlich schon im 12. Jahrhundert darauf hingewiesen, dass man ausreichend trinken soll. Sie empfiehlt Wein oder Bier, und damit gibt es grundsätzlich kein Problem, solange ich dazu ausreichend esse.

Ich gebe zu, dass diese Kost einige Disziplin erfordert. Wer es einfacher haben will, der kann ja immer noch auf die Radikalkur des Kabarettisten Ludwig Karl zurückgreifen, die ein tageweise abwechselndes Essen-was-man-will und Gar-nichts-essen propagiert. Wenn man von dieser Diät nur den ersten Teil und diesen dafür täglich absolviert, erzielt man die besten Erfolge.

Dass man wieder einmal etwas für die Figur tun sollte, merkt man spätestens dann, wenn man sich seine Bikini- und Badehosenfotos anschaut. Apropos, der Günther und eine Bürokollegin schwelgen gerade in …

URLAUBSERINNERUNGEN

„Na, Frau Sedlacek, wie war denn der Urlaub?"

„Also, um ein Haar wär ma ja gar net wegkommen! Wie wir endlich mit unserm Gepäck vor'm Check-in g'standen san, schnauft mein Mann: Schad, dass ma net a no unser Klavier mitg'nommen ham! Sag i: Willst du damit wieder andeuten, dass i zu viel einpackt hab? Meint er drauf: Na, aber auf'm Klavier san unsere Flugtickets g'legen!"

„Na ja, offensichtlich ham's es dann ja eh ein'gsteckt g'habt. Wie war denn des Hotel?"

„Super! Sie haben zwar leider nur mehr Zimmer mit Meeresblick g'habt, die doppelt so teuer war'n, aber wir haben dem Portier versprochen, dass wir net beim Fenster rausschauen, und so hat er's uns billiger geb'n!"

„Das erinnert mich an mein letzten Kuraufenthalt. Mitten in der Nacht hör ich's in mein Hotelzimmer plötzlich rascheln und krabbeln. I ruf den Portier an und sag ihm, dass i a Maus im Bett hab, und wissen 'S, was der drauf sagt?"

„Keine Ahnung …"

„I kann die Anmeldung für die Maus morgen a no erledigen!"

„Des versteh i net …"

„Egal! Wie war denn des Essen?"

„Wunderbar! Mit einer netten Bedienung. Frag i zum Beispiel

den Ober, ob der Fisch wirklich frisch is, mant er drauf: Eine Mund zu Mund Beatmung, und Fisch schwimmt wieder!"

„Sind S' froh, dass Sie letzte Wochen net in unserer Kantin gessen ham! Sag ich zu unserm Koch, dass des Steak hart is. Meint er drauf: Ich hab diese Steaks schon gegrillt, da waren Sie noch gar nicht bei uns in der Firma! Sag i: Dann frag mi nur, warum's es heut erst servieren!"

„Na dem ham S' es aber geben!"

„Jetzt san ma aber vom Thema abkommen. Wie war der Strand?"

„Sehr schön, aber wie wir zum ersten Mal baden wollten, war in der ganzen Lagune kein Wasser!"

„Wahrscheinlich is grad Ebbe g'wesen."

„Na, uns ham's g'sagt, dass in der Lagune am Vortag a Frachter mit Löschpapier g'sunken is!"

„Jedenfalls ham S' a gute Farb mitbracht!"

„Sie aber genau so!"

„Dabei war i nur drei Tag im Salzkammergut!"

„Und so schön braun …"

„Es hat die ganze Zeit nur g'regnet! Die braune Farb, des is der Rost!"

Wer sich entspannen will, der muss nicht gleich auf Urlaub fahren. Unbeschwerte Unterhaltung für die ganze Familie bietet auch ein gemütlicher …

KINOABEND

Papa: „So, jetzt kaufen wir uns noch ein bisserl was zum Knabbern, und dann schau'n wir uns den schönen Film an. Nur wir drei, die Mama, ich und der kleine Lukas!"

Lukas: „Natschos!"

Mama: „Nachos sind aber keine gute Idee. Da hast dich beim letzten Mal mit der Sauce voll anpatzt!"

Lukas: „Natschos!"

Papa: „Lass ihn doch, wenn er keine Popcorn will. Also nehmen wir für den Lukas eine kleine Portion Nachos mit Cola!"

Mama: „Schau, da gibt's aber auch diese Nacho Menüs mit Cola und Gummibärlis. Ein großes oder ein kleines Menü?"

Lukas: „Natschos!"

Papa: „Ein großes ist dem Kleinen zu viel!"

Mama: „Aber ihr könnt doch miteinander ein großes nehmen! Lukas, mit Käsesauce?"

Lukas: „Natschos!"

Papa: „Ich will aber die Chilisauce! Warum muss immer ich bestellen, was der Lukas essen soll?"

Mama: „Chili ist für den Lukas zu scharf! Ich hätt übrigens gern, wart einmal …"

Papa: „Schnell, wir sind schon dran!"

Verkäuferin: „Sie wünschen?"

Lukas: „Natschos!"

Mama: „Die kriegst du ja gleich … Wie wäre das, wenn ich kleine Popcorn mit Gummibärlis nehme und ihr zwei je einmal Chili mit Käsesauce?"

Papa: „Was? Ohne diese …"

Lukas: „Natschos!"

Mama: „Keine Sorge! Bei den Popcorn sind die Nachos dabei!"

Papa: „Du meinst die Käsesauce bei den Gummibärlis …"

Verkäuferin: „Groß oder klein?"

Mama: „Gibt's denn die Chilisauce auch klein?"

Verkäuferin: „Nur im Menü!"

Papa: „Dann würd ich doch ganz einfach sagen, wir nehmen drei Menüs mit Chilibärlis und Gummisauce!"

Verkäuferin: „Dazu Popcorn oder Nachos?

Mama: „Für mich ein Käse-Cola!"

Zugegeben, ein Kinobesuch mit der Familie kann zu psychischen Ausnahmebelastungen führen. Aber die gibt es auch beim Heimwerken, das beginnt schon beim einfachen …

BUCHREGAL

Ich renn vorbei schon hundert Mal
am neu gekauften Buchregal.
Das steht herum, doch heute wird
es endlich an die Wand montiert,
und weil ich ganz entschlossen bin,
geh ich gleich um die Bohrmaschin
und ein paar Dübel runter rasch
zur Werkstatt hinter der Garasch.
Doch unterwegs entfällt es mir:
Was wollte ich denn eig'ntlich hier?
Ich geh zurück, 's ist wieder da:
Die Bohrmaschin brauch ich, na klar!
Doch was wollt ich damit jetzt tun?
Ich schau mich still im Raum herum.
Das Buchregal, das Buchregal!
Ich sag's mir vor ein Dutzend Mal,
wie ich zurück zur Werkstatt geh,
den Bohrer hol und überseh,
dass ich noch diese Dübel brauch
und einen Maßstab sicher auch.
So renn ich her und renn ich hin,
so renn ich bis ich müde bin.
Doch wie ich endlich alles hab
brech ich das Unternehmen ab,
denn beim Regal, man soll's nicht glauben,
fehl'n die Schrauben!

Meistens macht man sie ganz bewusst, um sich zwischendurch ein wenig zu erholen. Manchmal kommt sie aber auch ganz unerwartet daher, die ...

PAUSE

Im Fernsehen lief unlängst eine uralte Theateraufzeichnung in schwarz-weiß, und mittendrin kam etwas, das es im TV schon seit Jahrzehnten nicht mehr gibt: eine Pause. Nein, keine Werbeunterbrechung, sondern einfach ein geschlossener Vorhang mit dem Schriftzug ‚Pause‘, unterlegt mit unaufdringlicher Musik. Ich erinnerte mich daran, dass solche Theaterpausen in den 50er- und 60er-Jahren üblich waren. Man konnte währenddessen die Teller vom Nachtmahl abwaschen, auf's Klo gehen oder die Katze kraulen.

Mir fiel ein, dass man damals noch auf vieles andere warten musste – und konnte. Auf die Entwicklung eines Films zum Beispiel. Wenn man so einen sündteuren 8mm-Schmalfilm mit knappen drei Minuten Aufnahmezeit fertig gedreht hatte, musste man die Kassette in einen Versandbeutel stecken und an die Entwicklungsfirma schicken. Nach frühestens einer Woche konnte man den Film dann aus dem Postkasten holen, in den Projektor einspannen und hoffen, dass die Aufnahmen gelungen waren. Bis dahin hatte die Spannung bereits einen Höhepunkt erreicht, der mit dem heutigen Videofilmen gar nicht mehr zu erzielen ist.

Apropos Projektor. Bis man sich den leisten konnte, hat man seinerzeit ebenfalls lange gewartet, beziehungsweise gespart. Ich dachte daran, dass ich unlängst ganz nebenbei einen Hometrainer gekauft hatte, obwohl ich eigentlich nur um eine Kiste Bier in den Supermarkt gefahren war und konnte mich selbst nicht verstehen. Warten ist völlig aus der Mode gekommen!

Was man nicht gleich haben kann, ist uninteressant, andererseits fiel mir gerade ein, dass der Hometrainer noch nicht einmal ausgepackt war. Mein plötzliches Bedürfnis, etwas für meine Fitness zu tun, hatte inzwischen stark nachgelassen.

Die Pause im Fernsehen war übrigens zu Ende. Der Vorhang öffnete sich zum dritten Akt des Theaterstücks, und ich stellte erstaunt fest, dass ich die ganzen fünf Minuten nur so dagesessen war. Na ja, eigentlich nicht nur – denn es war mir gerade eine Menge durch den Kopf gegangen. Und ich hatte nach langer Zeit zum ersten Mal wieder ganz einfach still auf etwas gewartet.

Nicht einmal für's Fernsehen nimmt man sich heute Zeit. Man braucht ein Gerät, mit dem man sich das Programm dann anschauen kann, wenn wirklich gerade nichts anderes zu tun ist. Im Mittelpunkt dieser Szene steht ein …

CHINESISCHER VIDEOREKORDER

„Hast du gestern den Film g'sehn, im Fernsehen?"

„Na leider, i wollt eahm aufnehmen, aber es hat wieder amal net funktioniert!"

„Du musst dir an neuen Videorekorder zulegen. A Bekannter hat mir jetzt direkt aus China a ganz neues Gerät mitbracht, das alle Stückln spielt!"

„So? Was kann's denn?"

„Der Rekorder is sprachgesteuert. Du sagst ihm einfach, was er machen soll!"

„Na, dann hätt ich auch kein Problem!"

„Da wär i mir net so sicher! Der Apparat is nämlich leider net für'n Export bestimmt und kann nur Chinesisch! Wenn i da zum Beispiel was programmieren will, muss i sagen: 请计划 *Dschindschihua!"*

„Woher waßt du des?"

„Weil i eben deswegen grad an Chinesisch-Kurs mach! Zeigt mir des Kastl jetzt die Listen von die ganzen Sender an, und i will den Kanal ans, dann sag i: 一频道 *Ibschindao,* und des g'hört bestätigt mit: 请这么样 *Tschintschomajang* – Bitte sind Sie so freundlich!"

„Du bist mit dein Videorekorder per Sie?"

„Sicher, Höflichkeit is bei die Asiaten des allerwichtigste!"

„Und wann er amal net funktioniert?"

„Dann musst sagen: *Ich bin betroffen, dass ich Sie mit meinem Auftrag überfordert habe und wünsche baldige Besserung!* Aber des muss i auf chinesisch no üben!"

„Waßt, ich glaub, des wär mir auf die Dauer a bisserl zu mühsam. Meistens is ja so, dass i meine Videoaufnahmen überhaupt nie anschau! I bin so im Rückstand, dass i net amal no die Sondersendungen über'n letzten Papstbesuch in Österreich g'sehn hab!"

„Siehst, des is da größte Vorteil von mein neuen chinesischen Videorekorder. Wenn der nämlich merkt, dass i mir a Sendung nach drei Tag immer no net ang'schaut hab, dann löscht er's automatisch!"

Zum Fernsehen gehört auch das passende Fast-Food, das man essen kann, ohne hinzuschauen. Chips zum Beispiel, oder – ich weiß nicht, ob Sie schon davon gehört haben – diese völlig neuartige …

DOWNLOAD-PIZZA

Warten auf den Pizzaservice? Das ist ab sofort vorbei! Bei Download-Pizza gibt's die Pizza nun online zum selbst herunterladen und ausdrucken!

Die Bestellung ist kinderleicht: Besuchen Sie unsere Internetseite und wählen Sie Form, Größe und Belag Ihrer gewünschten Pizza. Wir haben runde, quadratische und herzförmige Pizzen im Standardangebot, mit unserem neuen Grafikprogramm können Sie Ihre Pizza aber auch völlig frei selbst gestalten. Pizzen in Buchstabenform oder nach Fotovorlage als persönliches Portrait sind damit keine Hexerei. Die Größe ist zwischen A5 und A0 frei wählbar, auf Wunsch bekommen Sie Ihre Pizza auch als Megasize Poster.

Was den Belag betrifft, sind Ihrer Fantasie ebenfalls keine Grenzen gesetzt. Von der einfachen Pizza Margherita bis zur selbst programmierten Sardellen-Schokolade-Pizza ist alles möglich.

Für unsere Download-Pizza brauchen Sie nur einen Computer mit Drucker. Kalorienbewusste Kunden drucken ihre Pizza auf einem zarten 80-Gramm-Papier aus, wer es deftiger haben will, verwendet natürlich fettes, glänzendes Fotopapier.

Ihre Download-Pizza ist praktisch unbegrenzt haltbar und lässt sich auch platzsparend in einer Aktentasche transportieren, falls Sie sie ins Büro oder auf einen Ausflug mitnehmen wollen. Wer die Pizza warm essen möchte, legt sie einfach ein paar Sekunden in die Mikrowelle.

Download-Pizza hat damit wieder einmal die Nase vorn, und sobald die 3-D-Drucker zu erschwinglichen Preisen in den Handel kommen, werden Sie bei uns auch Grillhühner, Würstel und Hamburger herunterladen können. Wir wünschen jetzt schon guten Appetit!

Während wir auf weitere Revolutionen beim Fast-Food warten, verändert sich unsere Welt bedrohlich. Unlängst habe ich gelesen, dass allein in Österreich täglich eine Fläche von 28 Fußballfeldern verbaut wird. Und das ist ja wirklich keine besonders schöne …

ZUKUNFTSVISION

„In TV-aktuell von Hinterbrunnkirchen kommen wir zum heutigen Tagesthema. Herr Bürgermeister, gerade ist die Gemeinderatssitzung zu Ende gegangen, was soll jetzt mit dem letzten Quadratmeter Grünland in unserer Gemeinde passieren?"

„Also, die derzeitige Situation hat sich ja schon lange abgezeichnet, und ist in vielen Nachbargemeinden bereits vor Jahren Wirklichkeit geworden. Wir haben heute kein verfügbares Bauland mehr, weil jede freie Fläche einer Verwendung für Häuser und Verkehrsflächen zugeführt wurde. Es ist uns tatsächlich nur mehr ein einziger Quadratmeter Grünland übrig geblieben, und jetzt gehen die Meinungen natürlich sehr auseinander, was mit diesem Quadratmeter geschehen könnte!"

„Welche Vorschläge liegen denn auf dem Tisch?"

„Es gibt manche, die gerne einen asphaltierten Platz für einen zusätzlichen Altpapiercontainer hätten, während andere darauf ein Wohnhaus errichten wollen!"

„Auf einem Quadratmeter Grundfläche?"

„Als Startwohnung für Jungfamilien."

„Gibt es noch andere Nutzungsvorschläge?"

„Ja, es gibt das Projekt einer öffentlichen WC-Anlage, wahrscheinlich aber nur für Herren. Und ein bekannter Künstler hat eine Skulptur zum Gedenken an den Untergang des letzten Quadratmeters Natur vorgeschlagen: einen Baum aus Stahlbeton."

„Sehr originell!"

„Ja, und natürlich gibt es da auch noch die Idee, das verbliebene Fleckerl Grünland zum Naturschutzpark zu erklären. Das wäre ein kräftiger Impuls für die ganze Region, aber dazu brauchen wir eine ökologische Machbarkeitsstudie und ein nachhaltiges touristisches Nutzungskonzept. Man muss ja auch bedenken, dass der Bodenpreis für diesen einen Quadratmeter inzwischen schwindelerregende Höhen erreicht hat, die sich die Gemeinde gar nicht leisten kann. Wir brauchen Investoren, die das Grünland erst recht wieder verbauen wollen!"

„Was befindet sich denn derzeit auf dem so heiß begehrten Stück Boden?"

„Ein Maulwurfshügel! Und das ist leider das nächste Problem. Der Maulwurf steht natürlich unter strengstem Naturschutz. Das heißt, wenn wir hier etwas bauen wollen, müssen wir dem Tier erst eine Ersatzwohnung zur Verfügung stellen. Aber das nächste heute noch naturbelassene Stück Land, auf dem er buddeln könnte, befindet sich in Südamerika. Wer weiß, ob der Maulwurf zu so einem Umzug zu bewegen ist, schon allein wegen der möglicherweise unzumutbaren klimatischen Umstellung und der Sprachschwierigkeiten …!"

Der Bürgermeister erwachte schweißüberströmt. Er hatte die ganze Zukunftsvision nur geträumt, und alle wunderten sich am nächsten Tag, dass er die Umwidmung der Gemeindewiese in Bauland plötzlich nicht mehr unterstützen wollte.

Viele einstige Zukunftsvisionen haben sich schon längst erfüllt, zum Beispiel mit der Raumfahrt. Auch unser Land hat dazu Beiträge geleistet, aber wenn man sieht, wie heimisches Krisenmanagement manchmal abläuft, dann überlege ich mir, wie der berühmte Zwischenfall beim Mondflug 1970 mit österreichischen Akteuren ausgegangen wäre. Ich spreche von …

APOLLO 13

„Schwechat, wir ham ein Problem!", sagte Kommandant Pospischil durch sein Funkmikrofon, und Herr Fiala, der Leiter der Bodenkontrolle, richtete sich auf.

„Was is los?"

„Bei uns is irgendwas explodiert!"

„Schaut's amal nach! Wenn's der Sauerstofftank is, den hat die Firma Haslinger g'macht, der geht uns nix an!"

„Gebt's ma den Haslinger! Aber schnell!"

„Da wird aber jetzt niemand mehr sein! Es is scho fünfe vorbei!"

„Probiert's es trotzdem!"

„Haslinger Bauelemente, Sabine Voll-Businger, was kann ich für Sie tun?"

„Hier is Apollo 13! Wir braucherten dringend Hilfe!"

„Des is schlecht, weil der Service-Techniker is heute scho weg! I kann Ihnen nur den Herrn Direktor Haslinger persönlich geb'n! Der is immer länger da!"

„Haslinger?"

„Da spricht der Pospischil von der Apollo. Es warat weg'n Ihnern Sauerstofftank!"

„Hat's ihn leicht z'rissen? Der hat uns schon bei der Produktion immer wieder Manderln g'macht! Wo sind S' denn jetzt grad?"

„300.000 Kilometer von der Erden weg!"

„Na, Sie trau'n sich was! Aber hören S' zu: Wenn S' wieder zurück sind, rufen S' mich gleich an, dann bau ma Ihnen an neuen Tank ein, das mach ma auf Kulanz!"

„Wir müssen jetzt wissen, was ma tuan soll'n!"

„I würd amal abwarten! Solche Sachen lösen sich oft ganz von selbst! Was sagt denn der Fiala?"

„Dass ihn des nix angeht!"

„Das seh ich aber anders! Lassen S' den Herrn Bodenkontrolleur schön grüßen und sagen S' ihm, dass er sich was einfallen lassen soll! A Klebebandl werd's doch ham!"

Dieser wichtige Hinweis brachte Fiala tatsächlich auf die rettende Idee.

„I sag euch glei, des wird a fürchterlicher Pfusch!", funkte er zum Raumschiff. „Aber nehmt's amal eure Rumkugeln aus der Blechdosen, und esst's es z'samm. Dann könnt's euch mit der leeren Dosen und an Billa-Sackerl an super Luftfilter bau'n!"

Und so geschah es auch. Der Filter funktionierte, der Sauerstoff reichte bis zur sanften Landung im Schlamm des Neusiedler Sees. Nur die Rumkugeln machten den drei Astronauten noch einige Tage zu schaffen.

Zu Zeiten von Apollo 13 waren Mobiltelefone noch unbekannt. Innerhalb weniger Jahre haben sie sich aber so gründlich durchgesetzt, dass die heutige Jugend generell ganz typische Handbewegungen macht. Am besten beschreibt man sie mit ...

HUSCH WISCH TAP TAP

Sophie hat heute in der Schule nur fünf Stunden gehabt und sitzt schon im Bus auf der Fahrt nach Hause. So wie immer (außer vielleicht beim Duschen und Haare waschen) hält sie ihr Smartphone in der linken Hand, während die Finger der rechten wischende und tappende Bewegungen vollführen.

Nun berichtet sie der ganzen Welt, die schon gierig auf diese Nachrichten gewartet hat, dass heute die letzten zwei Stunden ausgefallen sind, es wieder einmal urfad war und der Lukas ein Trottel ist, weil er sich was mit der Natalie angefangen hat, dieser blöden Gurke.

‚Bling‘, schon kommen die Antworten aus der Welt zurück. Auch bei den anderen, die gerade online sind, war der Tag natürlich bisher voll beschissen.

Bei Leonie ist er es immer noch, denn sie hat gerade eine Schularbeit bei Lupo, ihrem Mathematiklehrer.

‚Husch wisch tap tap wisch tap: Du armes Schwein!‘, postet Sophie zurück.

‚Bling: Weißt du, wie man in einer Kurvendiskussion den Wendepunkt ausrechnet? Der Lupo hat sich da wieder ein besonders blödes Beispiel ausgedacht!‘

‚Wisch husch tap tap tap: Keine Ahnung ... war das nicht irgendwas mit einer Gleichung?‘

‚Bling: Geht's vielleicht ein bisserl genauer?‘

‚Wisch wisch wisch husch husch tap tap: Ich weiß schon! Irgendwas ist null!‘

‚Bling: Gar nicht so schlecht, die zweite Ableitung der Funktion wird gleich null gesetzt. Übrigens bedeutet das Wort Kurvendiskussion nicht, dass man während einer Schularbeit mit anderen über die Beispiele diskutiert!‘

‚Husch wisch tap: Leonie?‘

‚Bling: Bedaure, das Handy ist gerade konfisziert. Noch einen schönen Tag wünscht Lupo!‘

Auch im Liebesleben der jungen Leute spielt das Handy eine große Rolle. Es hilft dabei, die Lebensgewohnheiten des Partners oder der Partnerin schnell kennen zu lernen. Trotzdem gibt es oft Überraschungen, wenn man dann wirklich miteinander lebt. Diese Erfahrung machten auch …

DER FRANZ UND DIE GERLINDE *(Lied)*

Der Franz und die Gerlinde sind lange schon ein Paar,
doch jeder hatte seine Wohnung, was sehr günstig war.
Nun hab'n sie sich getraut und leben unter einem Dach,
zum ersten Mal gemeinsam, doch jetzt kommen nach und nach
ein paar Probleme auf, nicht dass die wirklich wichtig wär'n,
nur auf die Dauer tun sie doch die beiden etwas stör'n!

Zum Beispiel steckt das Klopapier im Halter stets verkehrt,
der Franz dreht dann die Rolle um, weil sie eb'n so gehört.
Dafür sagt die Gerlinde, dass ein g'scheites Frühstücksei
nicht fünf Minuten kochen darf, sondern exakt nur drei.
Andererseits macht ihn das schon seit jeher ganz verrückt,
wenn wer auf eine Tube Senf ganz vorn, statt hinten drückt!

Die g'hört auch, wenn sie leerer wird von hinten eingerollt,
Gerlinde findet's lächerlich, weshalb er ihr nun grollt.
Vielleicht macht sie es jetzt zu Fleiß und lässt das Bügelbrett
immer genau vor'm Fernseh'r stehn, er findet das nicht nett.
Auch dass sie in die Krautfleckerln nie einen Zucker gibt,
das kommt bestimmt nur daher, weil sie ihn nicht mehr so liebt!

Der Franz und die Gerlinde hab'n's kurz zusammeng'fasst,
dass eb'n ein Mann zu einer Frau halt grundsätzlich nicht passt!

In manchen Situationen passen Mann und Frau aber dann doch wieder sehr gut zusammen. Es entstehen Kinder, und schon haben die jungen Eltern ein neues Problem vor sich – die Verständigung in einer adäquaten …

KINDERSPRACHE

„Na, kleines Lisilein, tut uns das Biskotterl schmecken?", brummt der Papa.

„Du sollst doch jetzt gar kein Biskotterl essen, du Schlingel! Willst du nicht endlich dein Teetschili trinken?", flötet die Mama.

„Nein, njam, njam, njam, das Biskotterl schmeckt uns jetzt viel besser, gell?"

„Wirst du jetzt gleich gluck, gluck machen? Das Teeli hab ich nur für dich gemacht!"

„Vielleicht mag das Lisilein aber jetzt gar kein Teeli!"

„Aber ja, und wie gern unser Butzi das immer trinkt! Das ist der Tee mit den Extra-Vitaminilein!"

„Der mit den Spurenelementerln?"

„Genau! Und mit dem neuen Super-Himbeerligeschmack! Guti, guti ist das! Komm, lass jetzt das dumme Biskotterl!"

„Aber das Biskotterl hat diese wichtigen Ballaststoffi! Die braucht unser Lisilein!"

„Da hat der Papa schon recht! Aber das Lisi-Schnucki-Putzi hat jetzt schon so viel Ballaststoffi gegessen, dass man es kaum noch tragen kann!"

„Armer Lisi-Schatz! Die Mami will unbedingt, dass du ein Zwergilein bleibst! Das weißt du aber selber besser, dass du jetzt groß und stark werden musst, gell? Sooo grooooß!"

„Sooo ein Blödsinn ist das! Natürlich darfst du kein Zwergilein bleiben, aber wir wollen doch auch nicht so kugelmugeldick werden wie die Pribil-Omi!"

„Siehst du Lisilein, jetzt geht deine Mami schon wieder auf meine Mami los! Und dabei müsste sie dankbar sein, dass die Pribil-Omi ihrem Lisi-Enkelkindi immer so schöne Geschenke mitbringt!"

„Nur anfangen kannst halt leider nix damit, gell? Das ferngesteuerte Sprechpuppilein ist noch nichts für unsere Maus!"

„Jetzt noch nicht, aber in ein paar Jahrli, gell? Außerdem bist du schon viel gescheiter, als die Mami glaubt! Komm, sag einmal: Pa-pa ..."

„Papa, das ist uns noch viel zu schwierig! Sag lieber Ma-ma, Lisilein, Ma-ma ..."

Das Baby sagt laut und verständlich „Glmpf", was so viel heißt wie: „Lernt erst einmal selbst ordentlich sprechen!"

Mit Kindern beginnt alles wieder von vorn. Die Kleinen schließen Freundschaften, und bald folgt eine erste …

EINLADUNG

Der vierjährige Karli und die gleichaltrige Anna lernten einander im Kindergarten kennen. Karli, der Ungestüme, war damals allzu forsch über den Kiesweg gelaufen, über eine Wurzel gestolpert und hatte sein Schmalzbrot fallen lassen. Und die hilfsbereite Anna war daraufhin so liebenswürdig gewesen, dem weinenden Buben die Hälfte ihres eigenen Brotes zu geben.

„Die Anna ist doch ein liebes Mäderl", sagte Karlis Mutter, nachdem sie die Geschichte erfahren hatte. „Weißt du was? Wir werden sie morgen auf eine Jause zu uns einladen!"

„Oh ja!", antwortete Karli und freute sich.

„Die Mami hat gesagt, du kannst heute um drei zu uns kommen!", verkündete Karli am nächsten Tag, und … Anna lehnte ab.

„Heute geht's nicht!", sagte sie. „Da sind wir schon bei meiner Tante eingeladen, und morgen gehen wir in den Zirkus!"

„Dann eben übermorgen!", beharrte Karli und erhielt von Anna eine vorläufige Zusage.

Zu Hause stellte Karlis Mutter allerdings klar, dass übermorgen Samstag war und dieser Tag für eine Einladung nicht in Frage kam. Die Angelegenheit wurde auf die darauffolgende Woche verschoben und dann noch um ein ganzes Monat, weil Anna inzwischen Scharlach bekommen hatte. Der war damals noch eine ernstzunehmende Krankheit.

Nachdem auch Karli vom Scharlach genesen war, erinnerte man sich zwar wieder an die Einladung, konnte aber nichts unternehmen, weil gerade die Ferien begonnen hatten.

„Jetzt muss die Anna aber wirklich einmal zu uns kommen!",
meinte Karlis Mutter, nachdem der Bub gerade in die Volks-
schule eingetreten war und das Mädchen mit ihm in dieselbe
Klasse ging. „So lange haben wir es ihr schon versprochen!"

„Ein Mädchen willst du zu uns in die Wohnung einladen? Damit
die anderen alle über mich lachen?" Karli war entsetzt.

„Denk daran, dass sie einmal ihr Jausenbrot mit dir geteilt hat!",
mahnte die Mutter, doch der Sprössling blieb hart.

„Wenn die Anna hierher kommt, kannst du dich jedenfalls alleine mit ihr unterhalten!"

Karlis Mutter gab auf, und bald erübrigte sich jede weitere Diskussion, weil Anna an eine andere Schule kam.

Die Sachlage änderte sich erst, als der inzwischen sechzehn-
jährige Karli der sehr attraktiv gewordenen Anna zufällig vor
einem Eissalon begegnete.

„Wir kennen uns doch!", sagte er lässig, während sein Moped
das Mädchen in blaue Auspuffgase hüllte.

„Ich wüsste nicht, woher!", antwortete sie schnippisch, doch als
Karlis Mutter die beiden Jugendlichen wenig später eng um-
schlungen an einer gemeinsamen Eistüte schlecken sah, dachte
sie, dass es wieder einmal an der Zeit war, Anna einzuladen.

„Wenn ihr schon so viel beisammen seid, dann könnte sich Anna
doch ruhig einmal auch bei uns anschauen lassen!" sagte sie.

Doch der Bursche bestand darauf, dass zwischen ihm und dem
Mädchen absolut nichts wäre, und nach einigen stürmischen
Wochen schleckte tatsächlich jeder sein Eis wieder ganz für sich
allein. Unnötig zu bemerken, dass aus der Einladung auch diesmal nichts geworden war.

In Karlis Leben begann es turbulent zu werden. Er beendete seine schulische Laufbahn, wechselte mehrere Male Beruf und Freundin, bis eines Tages die Anschaffung eines Kinderwagens notwendig wurde.

Karli heiratete und wusste plötzlich mit dem Wort Freizeit nicht mehr viel anzufangen. Frühmorgens, auf dem Weg ins Büro, brachte er seinen Sprössling schon in den Kindergarten. Und eines Tages traf er dort eine junge Mutter, die er kannte.

„Sind Sie ... bist du nicht die Anna?", fragte er. „Die mit dem Schmalzbrot?"

„Was für ein Schmalzbrot?", antwortete Anna. „Ich erinnere mich nur an ein Schokoladeeis! Na das ist aber ein schöner Zufall!"

Karli pflichtete ihr bei. „Den müssen wir feiern! Wie wär's, wenn ihr uns besuchen kommt, auf eine Jause? Gleich morgen vielleicht!"

„Gern! Nur morgen geht's leider nicht, da hat meine Kleine Ballettstunde, am Dienstag geht sie in den Flötenunterricht, und am Mittwoch ist Turnen..."

„Fein!", rief Karli. „Dann bis Donnerstag! Das heißt, mir fällt gerade ein, dass mein Bub an diesem Tag Reitstunde hat, und am Freitag der Computer-Kurs beginnt. Wär dir der Samstag recht?"

Anna war er recht, jedoch bekam deren Tochter noch am Freitag die Masern, und nachdem auch Karlis Bub von dieser Krankheit genesen war, verlief alles wieder im Sand.

Eines Nachts hatte Karli einen Traum. Er war hundert Jahre alt geworden und der ebenso betagten Anna im Altersheim begegnet. Nun wollte er diese endlich auf ein deftiges Retour-Schmalzbrot einladen, aber ... ja, da hatten sie beide keine Zähne mehr!

Schnell vergeht die Zeit, man merkt es nicht zuletzt am Wechsel der Jahreszeiten. Und die haben es bestimmt auch nicht immer leicht, die saisonalen Verantwortlichen …

FRÜHLING, SOMMER, HERBST UND WINTER

Frühling und Winter sitzen in ihrem Dienstzimmer, Sommer macht gerade ein Nickerchen.

„Herr Winter, haben Sie nicht gesagt, dass Sie den heutigen Tag übernehmen?"

„Nein, lieber Frühling! Erinnern Sie sich nicht an unseren Diensttausch in der vorigen Woche? Da bin ich für Sie eingesprungen, weil Sie gesagt haben, dass die Primeln noch nicht fertig wär'n!"

„Geredet haben wir drüber, lieber Winter! Aber dann hab ich den Donnerstag ja trotzdem gemacht, mit traumhaften 12 Grad!"

„Ich erinnere mich nur an meine erfrischenden 0 Grad am Freitag! Aber es ist ja jedes Jahr dasselbe: Der Herr Frühling will sich beliebt machen und schmeißt den ganzen Dienstplan durcheinander!"

„Ja, weil jeder von Ihrem Eiszauber genug hat!", ruft der Frühling. „Sie selber ja wahrscheinlich auch!"

„Ich hab halt eine sehr schwierige Saison!", seufzt der Winter. „Rechnen Sie einmal zusammen, wie viel Schnee ich immer wieder bringen muss!"

„Na und? Dafür haben Sie ja eh die Firma Holle!"

„Hören Sie mir auf mit der! Seit die alte Holle in Pension ist, sind in dem Unternehmen nur mehr unqualifizierte Praktikanten am Werk, die keine Ahnung haben. Die schmeißen den ganzen

Schnee einfach runter, wo's für sie am bequemsten ist, zum Beispiel auf irgendeiner Autobahn, und im übrigen Land fällt kein einziges Flockerl. Ich hab dann die schlechte Nachrede!"

„Glauben Sie, ich als Frühling hab's leichter? Immer wenn die Temperaturen steigen, verlieren die Leute plötzlich die Kontrolle über ihre Hormone und verlieben sich reihenweise in wildfremde Menschen. Und mir geben sie dann die Schuld, wenn sie Alimente zahlen müssen! Außerdem, unter uns gesagt, der Sommer hat ja Staralüren, die Sie als Winter noch nie mitbekommen haben!"

„So?"

„Na sicher! Irgendwann im Juni kommt er mit einer völlig übertriebenen Hitzewelle daher!"

„Wo ist … eine Hitzewelle?" Der bis dahin friedlich schlummernde Sommer öffnet plötzlich die Augen.

„Aber nix, Herr Sommer! Schlafen Sie ruhig weiter, wir haben erst Ende März!"

„Genau! Hören Sie auf den Winter, sonst sind Sie dann wieder so reizbar und machen diese blöden Unwetter! Wo ist denn eigentlich der Herbst?", fragt der Frühling.

„Auf einem Seminar, weil er sich künstlerisch weiterbilden will!"

„Na, das kann ja wieder bunt werden!"

„Sie kennen ihn ja, ohne seine Malerei kann der nicht leben!"

Wie schön ist es doch immer wieder, wenn man auf einer Wanderung in den Bergen an eine Stelle kommt, wo man auf jeden lauten Juchzer eine Antwort bekommt – von der gegenüberliegenden …

ECHOWAND

„Hallo!"

„Hallo!"

„So ein schönes Echo!"

„So ein schönes Echo!"

„Du sagst mir wirklich alles nach?"

„Du sagst mir wirklich alles nach?"

„Dann sag einmal Emanzipatorische Identifikationsflexibilität!"

„Was soll das sein?"

„Ein Blödsinn, den gestern einer im Fernsehen gesagt hat. Aber sprich mir doch nach, wenn du kannst!"

„…"

„Hallo?"

„Hallo?"

„Bei schwierigen Sätzen steigst du aus oder?"

„Die meisten Touristen schreien nur Hallo Echo oder Juchui!"

„Dann sei doch froh, wenn du einmal was Anspruchsvolleres zu tun kriegst!"

„Nicht für die paar Euro, die ich dafür krieg!"

„Dass du hier die Echowand spielst?"

„Dass du hier die Echowand spielst?"

„Wer hat dich denn engagiert?"

„Der Tourismusverband Echoland, die Region mit der doppelten Gastfreundschaft!"

„Na super!"

„…"

„Warum antwortest du nicht?"

„Dienstschluss! Die Echowand ist an Wochenenden von 9 bis 18 Uhr in Betrieb. An Werktagen gegen Voranmeldung!"

(Fast) jeder Schriftsteller schreibt heute Kriminalromane. Sie spielen oft auch im ländlichen Milieu, und manchmal fragt man sich, woher die Krimiautoren hier eigentlich die vielen Täter und Mordopfer nehmen. Zum Beispiel im Erfolgsroman …

BLUNZENGRÖSTEL

Das kleine Dorf Hinterfotzing hat nur 20 Einwohner. Es existiert auch nicht wirklich, sondern nur in der Fantasie des Autors Till Hirnhappler, der den sehr bemerkenswerten Kriminalroman *Blunzengröstel* geschrieben hat. Es geht darin um einen reichen Bauern, der die Liebe seines Sohnes zur Tochter eines mittellosen Malers durchkreuzen will. Die Tochter verschwindet spurlos, der Maler rutscht auf einer Farbtube aus und bricht sich das Genick, der Sohn kommt bei einer Treibjagd ums Leben, und der reiche Bauer stirbt nach dem Genuss von Blunzengröstel an einer Vergiftung. Der Dorfpolizist verhaftet die Kellnerin des Gasthofs ‚Zur Sauren Traube' als Mörderin. Wen sie umgebracht haben soll, weiß niemand so genau, am allerwenigsten der Autor.

Die feingesponnene Handlung und die packende Schilderung der moralischen Abgründe von Hinterfotzing begeistern Publikum und Kritiker, sodass Till Hirnhappler zu einer Fortsetzungsgeschichte genötigt wird. Er liefert sie kurze Zeit später in Form des Romans *Blunzengröstel II*, der nicht minder spannend ist, denn der Besitzer des Gasthofs ‚Zur Sauren Traube' will die Heirat seines Sohnes mit der unehelichen Tochter des Bürgermeisters verhindern. Am Ende verschwindet der Sohn spurlos, die Tochter stirbt an einer Überdosis Blunzengröstel, und der reiche Gasthausbesitzer fällt in eines seiner sauren Weinfässer. Den Bürgermeister trifft während einer Ansprache der Schlag, und der Gemeindearzt wird vom Dorfpolizisten als Mörder abgeführt. Warum, bleibt auch diesmal im Dunkeln.

Als Till Hirnhappler von seinem Verleger dazu aufgefordert wird, noch eine dritte Folge seiner sensationellen Krimiserie zu schreiben, rechnet er verzweifelt nach. Hinterfotzing hat inzwischen nur mehr zehn Einwohner, denen etwas zustoßen könnte. In seinem Roman *Blunzengröstel III* löst er das genial mit dem Verschwinden des Pfarrers, dem Herztod eines flugs erfundenen Lagerhaus-Angestellten sowie dem gewaltsamen Dahinscheiden der Witwen des mittellosen Malers und des reichen Bauern, die man beide schon aus der ersten Folge kennt. Verhaftet wird diesmal der Polizist, weil Till Hirnhappler überhaupt keine Lust mehr hat, einen weiteren Kriminalroman zu schreiben. Es wäre schon allein an der Personalfrage im Dorf gescheitert. Aus, Schluss, Ende, er macht jetzt ein Kochbuch über die letzten Mahlzeiten der Hinterfotzinger. Im Mittelpunkt steht natürlich Blunzengröstel.

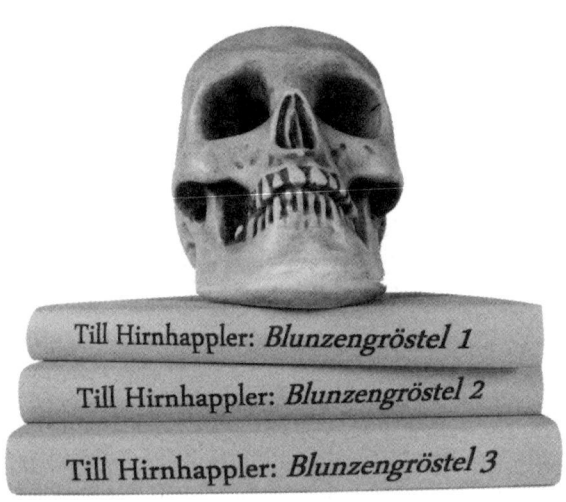

Till Hirnhappler: *Blunzengröstel 1*

Till Hirnhappler: *Blunzengröstel 2*

Till Hirnhappler: *Blunzengröstel 3*

Blunzengröstel schmeckt nicht jedem. Andererseits weiß man heute schon gar nicht mehr, was man eigentlich noch essen soll. Es gibt doch jeden Tag neue …

LEBENSMITTELSKANDALE

„Hallo, Servus, hast kurz Zeit auf a Seidel Bier beim Wirten?"

„Du leider! Mei Frau hat mich einkaufen g'schickt! Da schau her, da is die Listen, was i alles mitbringen soll!"

„Was, zwei Liter Milch sollst kaufen?"

„Wieso net?"

„Hast noch nix g'hört vom Milchskandal? Die Arbeitskraft der Milchkühe wird seit Jahren schamlos ausg'nutzt. Die ham bis heute net amal an Kollektivvertrag!"

„Aber des Brot kann i schon nehmen oder?"

„Wenn dir der Brotskandal wurscht is, bitte! Die Lebensmittelkontrolle hat unlängst festg'stellt, dass 99 Prozent des frischen Gebäcks nur außen knusprig is und innen ganz wach!"

„Na bitte, dann kann i die Semmeln aber a vergessen …"

„Was hast denn sonst noch alles auf deiner Einkaufslisten?"

„Zehn Deka Krakauer!"

„Wahnsinn! Nach dem Wurschtskandal willst du so was essen? Hast du noch nix davon g'hört, dass die Krakauer, die ma bei uns kauft, in ihrem ganzen Leben noch nie in Krakau war, genauso wenig wie die Frankfurter in Frankfurt?"

„Und die Extra in Extra …"

„Du nimmst des leider net ernst! Aber das is alles Betrug am Konsumenten!"

„Aber mit'm grünen Salat is alles in Ordnung?"

„Geh bitte, alle reden doch momentan vom Salatskandal!"

„Is er leicht ungenießbar?"

„Ganz im Gegenteil! Der Salat is a wichtiger Nahrungsbestandteil für die heimischen Schnecken! Und weil wir Menschen ihnen die Happeln wegessen, is die Gemeine Salatschnecke *sem cochlea* bereits knapp vor'm Aussterben!"

„Du meinst, Salat essen is moralisch net vertretbar? Na ja, dann hat sich mei Einkauf praktisch erübrigt!"

„Genau, und wir können uns in Ruhe a schnelles Seidel genehmigen!"

„Gibt's leicht gar kan Bierskandal?"

„Nicht dass ich wüsste! Und selbst wenn … ma darf ja net alles glauben, was die Medien berichten!"

Bei einer Geburtstagsfeier im Gasthaus pfeift man ganz gerne auf alle Bedenken und bestellt das, was man immer schon gerne gegessen hat. Und dann stellt sich das Enkerl vor den schön gedeckten Tisch und bringt ein …

GEBURTSTAGSGEDICHT MIT HINDERNISSEN

„Liebe Oma! Heute zum Geburtstagsfeste
wünschen wir das Allerbeste …"

Genau in diesem Moment, dem allerungünstigsten, stürmt der Kellner ins Extrazimmer und beginnt zu servieren.

„Sodala, die Suppen hätt ma da! Wer kriegt a Frittatensuppe?"

Das Enkerl versucht unbeirrt, sein Gedicht fortzusetzen:
„Glück, Gesundheit und dazu
manchmal auch ein wenig Ruh! …"

„Und noch eine Frittatensuppe für die Dame!"

„Du warst immer für uns da,
Enkerl, Kinder, Opapa …"

„Sie hab'n die Leberknödel bestellt?"

„Enkerl, Kinder, Opapa …"

„Vorsicht heiß! Und ein Leberknöderl hätt ma noch!"

„Dein Lachen ist wie Sonnenschein,
dein Auge glänzt wie Nierenstein … äh … Edelstein! …"

„So, jetzt hätt ich da noch vier Nudelsuppen!"

„Du bist der Schnittlauch … nein,
du bist der gute Geist im Garten,
pflegst dort die Nudeln und Frittaten …"

„Was kommt noch zum Trinken, zwei kleine Bier?"

„Gießt sie mit Cola, Bier und Wein,
man sieht, wie sie bei dir gedeih'n …"

„Ein großer Apfelsaft mit Leitungswasser?"

„Dein Herz, das ist an Liebe reich … "

„… Getränke kommen gleich!"

Bleiben wir noch kurz in der großen familiären Runde. Da versucht man gerade der Susanne bei der Lösung einer Schulaufgabe zu helfen. Alle beschäftigen sich intensiv mit ihrer …

SCHLUSSRECHNUNG

Oma, Opa, Tante Gerti, Onkel Otto und Taufpate Karli, alle waren sie heute gekommen, zum elften Geburtstag der kleinen Susanne, die jetzt gar nicht mehr so klein war, sondern groß und gescheit und Schülerin der ersten Klasse des Gymnasiums.

„Stolz sind wir auf dich!", sagte der Opa, die Großmutter zog umständlich ein Kuvert mit einem Geldschein hervor, und dann trug Mama unter großem Trara eine Schokoladentorte mit elf brennenden Kerzen herein.

„Alle Kerzerln musst jetzt ausblasen!", sagte sie, doch Susanne ging vor lauter Aufregung schon nach der dritten Kerze die Luft aus.

„Na so was!", wunderte sich der Opa. „Wie ich so alt war wie du, da hab ich alle Kerzerln auf einmal ausgeblasen. Außerdem hat's gar keine Kerzerln gegeben und keine Torte, weil damals Krieg war!"

„Ja, ja!", meinte Tante Gerti. „Mir bitte nur ein ganz kleines Stück Torte! Übrigens, was lernst denn grad in der Schule?"

„Die Schlussrechung!", antwortete Susanne. „Und heute haben wir ein Beispiel gekriegt, da kennt sich niemand aus, nicht einmal der Papa!"

„Na dann bring halt mir dieses Mathematikbeispiel!" sagte Taufpate Karli. „So schwer wird das ja wohl nicht sein!". Wenige Minuten später hatte er das Übungsbuch aufgeschlagen und begann laut zu lesen:

„Ein Mopedfahrer fährt mit vierzig Kilometer pro Stunde von Wien nach Bregenz. Aus Linz kommt ihm ein Radfahrer mit zwanzig Kilometer pro Stunde entgegen. Wo treffen sich die beiden? Berücksichtige, dass der Radfahrer alle vierzig Kilometer eine halbstündige Pause einlegt und der Mopedfahrer tanken muss. Sein Benzinverbrauch beträgt ... na, das ist ja ganz einfach! Schau einmal: der Mopedfahrer fährt, der Radfahrer auch, wenn beide, das heißt ... wenn der eine und der andere ... "

„Gib's doch zu, dass du auch keine Ahnung hast!", sagte Papa. „Soweit bin ich auch gekommen! Die Frage ist aber ..."

„... wieso dieser Mopedfahrer überhaupt auf die verrückte Idee kommt, mit seinem Kracherl von Wien nach Bregenz zu fahren!", meldete sich Onkel Otto zu Wort.

„Oma und ich wären froh gewesen, wenn wir in unserer Jugend überhaupt ein Moped gehabt hätten!", warf Opa ein, und Tante Gerti sagte: „Jetzt aber wirklich nur mehr ein ganz kleines Tortenstück!"

„Wer sagt denn überhaupt, dass sich die beiden treffen müssen? Das wäre doch ein unglaublicher Zufall! Außerdem ist der Radfahrer ja ein Trottel, wenn er auf der Bundesstraße fährt!" warf Onkel Otto wieder ein.

„Trotzdem muss das Beispiel von der Susanne eine Lösung haben!", beharrte Taufpate Karli. „Und ich weiß auch schon welche: Der Radfahrer fährt nach St. Valentin und wartet dort im Wirtshaus so lange, bis der Mopedfahrer aus Wien eintrudelt!"

Alles brach in befreiendes Gelächter aus, Susanne packte ihre Schulsachen wieder ein, und Tante Gerti ließ sich von Mama ein wirklich allerletztes Tortenstück herunterschneiden.

Auf die richtige Lösung einer Schlussrechnung kommt es im Leben normalerweise gar nicht so an. Viel wichtiger ist zum Beispiel Geschäftstüchtigkeit, die meist schon angeboren ist. Der junge Mann in der folgenden Geschichte ist jedenfalls ein ganz besonderes …

VERKAUFSGENIE

Der Geschäftsführer eines Camping- und Freizeitfachgeschäfts fragt den neuen Mitarbeiter am Ende des ersten Arbeitstages, wie es denn so gelaufen wäre:

„Na, wie viele Kunden haben Sie denn heute bedient?"

„Nur einen", sagt der Neue. „Aber ich habe mit ihm einen Umsatz von 77.300 Euro gemacht!"

„Was?! Ein einziger Kunde hat so viel bei uns gekauft?"

„Ja, er wollte zuerst nur ein Fahrradventil, aber ich habe ihn so lange beraten, bis er ein neues Fahrrad genommen hat. Dazu hab ich ihm natürlich auch die passende Bekleidung empfohlen, und er hat erzählt, dass er immer schon eine ganz große Tour machen wollte. Daraufhin hat er sich auf mein Anraten ein schönes Zelt mit Schlafsack und Kochausrüstung ausgesucht und war auch gleich auf den ersten Blick von unserem Schlauchboot mit Außenbordmotor begeistert.

Ich habe ihn darauf aufmerksam gemacht, dass er dazu einen Anhänger brauche, und er hat gemeint, da nähme er doch lieber gleich einen Wohnwagen. Beim Travelstar 3000 hat er sofort zugeschlagen.

Für den ist allerdings sein derzeitiges Auto zu schwach, und so sind wir miteinander in die Autoabteilung gegangen, wo er sich auf der Stelle für den neuen Activity Allrad X4 entschieden hat."

„Du lieber Himmel!", sagte der Geschäftsführer. „Wollen Sie damit sagen, dass der Mann wegen eines Fahrradventils gekommen ist und Sie ihm am Ende unser halbes Geschäft verkauft haben?"

„Na ja, ganz so war's auch wieder nicht", antwortete der junge Angestellte. „Eigentlich wollte er ja nur wissen, wo die nächste Apotheke ist, um Kopfwehtabletten für seine Frau zu besorgen. Darauf hab ich gemeint, wenn das Wochenende nun schon verpatzt wäre, könnte er ja bei dem schönen Wetter ein bisserl Radlfahren."

Man kann die Geschäftstüchtigkeit aber auch übertreiben, und es ist ein Glück, dass man als Durchschnittsbürger gar nicht ahnt, welche kranken Geschäftsideen manche Leute haben. Einige davon setzen sich ja leider sogar durch, andere wieder sind reine …

LUFTGESCHÄFTE

„Herrschaften, wir müssen uns etwas überlegen, um unser Budget wieder in Ordnung zu bringen!", sagte der Finanzminister zu seinen Regierungskollegen. „Dabei ist ja alles im Grunde ganz einfach: Einerseits gibt es den Staat, der dringend Geld benötigt und auf der anderen Seite Investoren, die es liebend gerne ausgeben würden. Natürlich nur, wenn sie dafür etwas Gewinnversprechendes bekommen."

„Wir haben doch schon fast alles verkauft!", warf der Wirtschaftsminister ein.

„Vieles, aber es gibt zum Beispiel noch etwas, bei dem außerdem kein Mensch merken würde, wenn es einen neuen Eigentümer hätte!"

Der Finanzminister machte eine wirkungsvolle Pause und blickte in die Runde. Niemand wollte raten, und so verkündete er feierlich die Lösung:

„Luft!"

„Was Luft?", fragte der Wissenschaftsminister.

„Luft! Das Zeug, das wir gedankenlos ein- und ausatmen! Meine Experten haben ausgerechnet, dass sich über unserem Bundesgebiet über eine Billiarde Kubikmeter Luft befindet. Wenn die Investoren nur einen Cent pro Kubikmeter zahlen, macht das in Summe … also jedenfalls genug, um uns zu sanieren!"

„Na gut, aber wer sollte unsere Luft kaufen, doch hoffentlich keine Ausländer?", wollte die Innenministerin wissen.

„Egal, jedenfalls einer, der das Geschäft seines Lebens machen will! Er könnte zum Beispiel in den Supermärkten klare Bergluft in Fünf-Liter-Kanistern anbieten, Blumenwiesenluft, garantiert pollenfrei, Waldluft mit Harzaroma … die Möglichkeiten sind unbegrenzt! Ich sehe schon große Luftabfüllstationen vor mir, in denen unsere Luft umweltschonend verpackt wird und Pipelines, in denen sie auch aus entlegensten Gebieten direkt an die Konsumenten geliefert werden kann."

Der Finanzminister war vor lauter Begeisterung ganz außer Atem, und bestimmt hätte er sich jetzt eine Flasche Bergluft aufgemacht, wenn es sie schon gegeben hätte.

„Auch mit Spezialitäten müsste ein guter Umsatz zu machen sein!", setzte er fort. „Man könnte Dampflokomotivenluft für Eisenbahnnostalgiker anbieten, strenge Landluft vom Bauernhof und zu Weihnachten Luft aus Omas Backstube."

„Wäre das Luftholen für den privaten Gebrauch dann noch gratis?", fragte der Sozialminister.

„Einfaches Luftschnappen soll natürlich weiterhin möglich sein, sonst kommt es in der Bevölkerung am Ende zu Luftwiderstand, aber für Zimmerpflanzen mit Luftwurzeln könnte ich mir schon eine kleine Abgabe vorstellen!"

„Ich glaube, dass uns bei solchen Luftgeschäften die Luft ausgehen wird!", sagte der Gesundheitsminister, doch der Finanzminister beruhigte:

„Es wurde an alles gedacht! Durch die ständige Strömung in der Atmosphäre ist die Luft, die wir heute privatisieren, morgen schon längst über alle Berge und wir haben wieder neue, die wir verkaufen können! Toll was?"

78

Es ist ja grundsätzlich nichts dagegen einzuwenden, dass es chronisch erfolgreiche Menschen gibt, solange sie den Erfolg nicht auf Kosten anderer haben. Aber was machen solche Genies, wenn sie einmal ausspannen wollen? Sie schlittern in eine wiederum sehr produktive …

ERFOLGSKRISE

Herr Czermak war schwer überarbeitet. Er leitete eine Speditionsfirma, die er gegründet und zu wirtschaftlicher Blüte geführt hatte, aber nun riet ihm der Arzt dringend, ein halbes Jahr auszuspannen.

Widerwillig übergab Czermak die Zügel seines Unternehmens und übersiedelte in eine kleine Kuranstalt am Land. Schon am zweiten Tag erkannte er, dass dieses Haus mit schweren wirtschaftlichen Problemen kämpfte, und so machte er den Inhabern einige Verbesserungsvorschläge. Nach einem Monat wurde er Geschäftsführer, und die Kuranstalt begann zu florieren.

Czermaks Arzt schlug die Hände über dem Kopf zusammen und schickte seinen chronisch erfolgreichen Patienten an einen einsam gelegenen Bergsee. Dort angelte Czermak eine Weile herum, bis er eine Seeforelle fing und auf die Idee kam, diese unterschätze Fischart zu einer kulinarischen Spezialität zu machen. Innerhalb weniger Wochen begeisterte er Fischer, Ökologen und Gastronomen und wurde Leiter des groß angelegten Projekts ‚Züchtet die Seeforelle!', aber er wusste auch bald, dass er das nicht bleiben konnte.

Nun schlug ihm der Arzt einen Aufenthalt in einem aufgelassenen Bergwerk vor. Czermak fand dort Gold und machte diese Mine innerhalb kürzester Zeit zum erfolgreichsten Bergbauunternehmen des Landes.

Es war zum Verzweifeln! Überall lauerte das Burnout, denn er hatte geradezu zwanghaft geschäftlichen Erfolg. Selbst wenn sich Czermak in eine Raumstation zurückgezogen hätte, wäre er wahrscheinlich derjenige gewesen, der als erster Kontakt zu außerirdischen Lebewesen aufgenommen und dafür den Nobelpreis bekommen hätte.

Auf die Bitte seines Arztes, der inzwischen selbst dem Nervenzusammenbruch nahe war, unternahm Czermak einen letzten Versuch. Er bewarb sich als Krisenmanager bei der Bundesbahn. Und siehe da, Czermak scheiterte auf der ganzen Linie. Schon nach wenigen Wochen wusste er nicht mehr, was er in der größten staatlichen Eisenbahngesellschaft des Landes noch tun sollte und ... gründete einen neuen Staat.

Eine Firma lebt zum guten Teil davon, dass ihre Mitarbeiter teamfähig sind und miteinander reden. Kurz gesagt, man braucht auf jeden Fall ...

INTERNE KOMMUNIKATION

„Servus Anton! Gut, dass ich dich treff! Wir müssen nächste Woche eine Besprechung machen, wie wir unsere interne Kommunikation verbessern können!"

„Wunderbar! Ein sehr wichtiges Thema, seit Monaten red ma drüber, da g'hört einmal eine eigene Sitzung her!"

„Genau! Ein Treffen, wo wir alles besprechen!"

„Unbedingt! Aber ich hab grad so viel im Kopf. Bitte schreib mir ein Mail!"

Mail: Lieber Anton! Betrifft: Treffen. Bitte denk an unsere Besprechung. Wir brauchen eine Sitzung!

Mail: Lieber Bernhard! Wir treffen uns eh beim Mittagessen, da können wir das ja gleich besprechen!

SMS: Lieber Anton, können uns leider erst morgen treffen, hab grad eine Besprechung!

SMS: Lieber Bernhard, morgen leider keine Zeit zum Besprechen, da hab ich ein Treffen! Ruf mich doch an!

„Hallo Anton, wir müssen reden, wegen der Sitzung!"

„Unbedingt! Haben wir uns nicht eh schon was ausg'macht? Ich schau grad, ob ich dein Mail noch find!"

„Ich schick's dir noch einmal, wenn du mir sagst, worum es dabei gangen is!"

„Keine Ahnung ... um eine Sitzung, ein Treffen, wo wir irgendwas besprechen wollten!"

„Dann kann's nicht so wichtig g'wesen sein. Vergiss es!"

„Kein Problem, schon passiert!"

„Weißt, was schön wär?"

„Na?"

„Wenn die interne Kommunikation überall so gut funktionieren würde wie zwischen uns!"

Kleine Ursachen haben manchmal eine große Wirkung. Zum Beispiel kann sie den Tag ganz schön durcheinander bringen, so eine simple …

Neue Armbanduhr

Marie kauft eine Armbanduhr
und fragt sich bald „Was ist denn nur?
Wieso komm ich, wohin's auch geht,
jetzt plötzlich überall zu spät?"
Sie ärgert sich und gar nicht schwach,
vielleicht geht diese Uhr ja nach?
Doch sagt der Uhrmacher: „Gnä Frau,
das Ding geht wirklich ganz genau!
Mir scheint des Rätsels Lösung klor,
die alte Uhr ging chronisch vor!
Sie haben bisher unentwegt,
in einer falschen Zeit gelebt!"

Es ist drei Uhr nachts, und plötzlich läutet das Telefon. Walter rollt sich mühsam aus dem Bett, schlurft schlaftrunken ins Vorzimmer und hebt ab. Am anderen Ende der Leitung ist die ...

PSYCHOLOGISCHE KRISEN-INTERVENTION

„Herr Walter? Ich bin wirklich froh, dass ich Sie erreiche!"

„Wieso? ... Ist was passiert?"

„Hoffentlich noch nicht! Wie geht's Ihnen denn gerade?"

„Wie soll's mir schon gehen? ... mitten in der Nacht ..."

„Das hab ich befürchtet! Aber Sie dürfen jetzt nicht verzweifeln, bald beginnt ein neuer Tag!"

„Eben! Ich müsste schlafen ..."

„Und Sie können kein Auge zutun ... aber glauben Sie mir, Sie sind mit Ihren Problemen nicht allein!"

„Ich habe keine Probleme ..."

„Mit mir können Sie ganz offen reden! Wenn jemand mitten in der Nacht telefoniert statt zu schlafen, dann ist er ganz offensichtlich in einer Krise!"

„Was für eine Krise ...?"

„Vielleicht mit Ihrer Frau und Ihren Kindern!"

„Ich habe weder Kinder noch eine Frau ..."

„Aber deshalb muss man doch nicht alles wegwerfen! Sie werden bestimmt wieder eine Partnerin finden, die zu Ihnen passt! Glauben Sie mir!"

„Ich finde, es gut so wie es ist."

„Das klingt überhaupt nicht überzeugend! Sie reden so leise!"

„Ja, weil ich meine Freundin nicht aufwecken will."

„Sie haben eine Freundin?"

„Ja, erst vor zwei Wochen kennengelernt ..."

„Und ...?"

„Was und? Sie ist bildhübsch und ein Mensch mit dem man Pferde stehlen kann."

„Und Sie wollen mir einreden, dass das Leben für Sie keinen Sinn mehr hat?"

„Das haben Sie gesagt ..."

„Weil ich mich als Psychologe gut in Ihre Situation versetzen kann!"

„Das glaube ich nicht! Oder haben Sie auch eine Frau, die ausschaut wie ein Filmstar und so leidenschaftlich ist, dass sich die Nachbarn beschweren?"

„Hören Sie auf!"

„Haben Sie auch so eine Freundin?"

„Ich bin derzeit solo. Also eigentlich schon ziemlich lange ..."

„Freiwillig?"

„Nein. Aber ich muss jetzt Schluss machen, es ist wirklich schon spät ..."

„Tun Sie das! Und denken Sie immer dran: Das Leben ist schön!"

„Ja, ja, super ... Und wenn ich darf, rufe ich Sie in den nächsten Tagen einmal an, und Sie erzählen mir, wie man so eine Frau kennenlernt ..."

Am Beginn einer Beziehung steht jedenfalls ein Flirt, eine erotische Annäherung. Die legt jeder anders an, eine zeitgemäße Variante wäre zum Beispiel …

EINE MILLIONENSHOW

„Du wärst für mein Leben ein Millionengewinn!", sagte Klaus zu Sabine, die er gerade erst kennengelernt hatte und die ihm jetzt in einem kleinen Lokal gegenüber saß.

„Ach so?", sagte das Mädchen. „Dann machen wir doch ein kleines Quizspiel, wie das heute so üblich ist! Was würde ich zum Beispiel jetzt noch gerne trinken?

A: ein Achtel Rotwein,
B: ein kleines Bier,
C: einen Orangensaft oder
D: ein Glaserl Sekt?"

Klaus machte ein ratloses Gesicht. „Kann ich den Fifty-Fifty-Joker haben?", fragte er.

„Schon bei der ersten Frage? Aber bitte: Pling! B und C fallen weg!"

„Dann sag ich D: ein Glaserl Sekt!"

„Stimmt! Taterata! Und hier ist auch schon die nächste Frage: Angenommen wir gehen heute noch miteinander ins Kino. Was für einen Film würd ich mir gern ansehen?

A: eine Komödie,
B: was Romantisches,
C: einen Krimi oder
D: ein Psychodrama?"

„Das ist ja noch schwieriger?!", schnaufte Klaus. „Da müsste ich eigentlich den Telefonjoker einsetzen und jemanden fragen, der mit dir schon im Kino war!"

„Tja, da kennst du aber keinen!"

„Gott sei Dank! Aber gut, dann sage ich eben B: was Romantisches!"

„Schon wieder Taterata! Aber heute wären eigentlich auch alle drei anderen Antworten richtig. Willst du jetzt aufhören oder weiterspielen?"

„Was glaubst du …"

„Also, dritte Frage: Wenn ich dich, nur einmal so angenommen, küssen würde. Wo könnte ich mir das vorstellen?
    A: im Auto,
    B: bei einem Spaziergang,
    C: beim Tanzen oder
    D: gleich hier am Tisch?"

Diese Frage war ein klarer Fall für den Publikumsjoker. In dem kleinen Lokal war es während der letzten Minuten ziemlich still geworden, und jetzt zeigte die Mehrzahl der Gäste mit den Fingern die Zahl vier.

Klaus vertraute dem Publikum und gewann.

A: Könnte sein	C: Warum nicht?
B: Vielleicht auch	D: Gut möglich

Die Showbranche, die Welt des Kinos und Fernsehens, hat ganz eigene Regeln. Da muss man nicht unbedingt durch besondere Leistungen auffallen, man kann es auf ganz verschiedenen Wegen versuchen, prominent zu werden. Man denke nur an …

SILKE

Als Silke noch ihre drittklassige Fernsehshow in einem viertklassigen Sender präsentierte, wurde sie schnell ein Liebling der Printmedien, vielleicht auch nur einiger leitender Zeitungsredakteure, aber das weiß man heute nicht mehr so genau.

So spannt Silke aus, wenn sie nicht vor der Kamera steht! und *Alle lieben Silke!* lauteten die Schlagzeilen, aber auch Artikel wie *Warum Silke am liebsten Vanilleeis hat!* fanden begeisterte Leser.

Kurioserweise wurde Silke für die Öffentlichkeit noch interessanter, als ihr Vertrag für die drittklassige Fernsehsendung nicht mehr verlängert wurde. Nun lauteten die Headlines in den Illustrierten *Silke hat endlich Zeit für ihr Privatleben!* und *Silkes große Pläne!*, und als man merkte, dass Silke überhaupt keine Pläne hatte, wurde sie endgültig zum Medienstar Nummer eins.

Wenn Silke bei irgendeinem Promi-Event zugegen war, wurde sie sofort zum Interview gebeten, und erschien sie nicht, hieß es in der Berichterstattung: *Leider nicht anwesend war Silke, die man jetzt schon 24 Stunden lang nicht mehr gesehen hat.*

Aber das war zum Glück nur ganz selten der Fall. Jeder nahm Anteil an Silkes Leben, dem unendlichen Glück, das sie wieder einmal an der Seite eines Mannes gefunden hatte und dem regelmäßig drei Wochen später folgenden Beziehungsende.

Schlagzeile: *Silke – Wir hatten uns von Anfang an nichts zu sagen.*

Kurze Zeit später wurde Silke als kommender Schlagerstar gehandelt, weil man sie zufällig vor dem Eingang eines Tonstudios gesehen hatte, und dann entstand ein Hype, weil sie ein findiger Verleger zur Galeonsfigur einer neuen Schlankheitsmethode gemacht hatte. Ab sofort erklärte Silke überall, dass man nur ein Jahr lang gar nichts essen müsse, dann könne man im nächsten Jahr machen was man will.

In diese Zeit fielen Silkes Nacktaufnahmen für ein erotisches Männermagazin. *Silke dementiert: Mein Busen ist echt!*, lauteten die darauf folgenden Schlagzeilen in der Regenbogenpresse, und mancher jüngere Leser stellte plötzlich die Frage: „Wer ist eigentlich diese Silke?!"

„Frag nicht so blöd!", sagten die Älteren, die Silke schon länger kannten. „Das ist die, die so berühmt ist!"

Abseits des Showgeschäfts gelten etwas andere Karriereregeln, da hat man oft schon großes Glück, wenn man überhaupt eingeladen wird, zu einem …

VORSTELLUNGSGESPRÄCH

„Junger Mann, wenn Sie bei uns arbeiten wollen muss ich Ihnen eines gleich sagen: Das Bundesministerium für Faule Ausreden ist das älteste Ressort Österreichs. Es arbeitet beratend aber streng geheim und ist deshalb in der Öffentlichkeit praktisch unbekannt. Sie sind etwas spät gekommen, zu unserem Vorstellungsgespräch!"

„Ja, tut mir leid, aber ich kann nichts dafür. Erst ist bei meinem Fahrrad die Kette rausgesprungen, und dann habe ich auch noch einer blinden alten Frau über die Straße geholfen!"

„Gut, das sind zwar keine besonders originellen Ausreden, aber man merkt, dass Sie sich mit unserem Metier schon ein bisserl beschäftigt haben. Wie ich Ihrem Lebenslauf entnehme, haben Sie ihr Studium vorzeitig abgebrochen?"

„Das war so: Ich hab die Diplomarbeit schon fertig gehabt, da ist bei meinem Computer die Festplatte kaputtgegangen, und es war alles weg!"

„Sie hätten die Arbeit ja aus dem Gedächtnis wiederherstellen können!"

„Sicher, aber dann ist mein Vater arbeitslos geworden, wir mussten das Haus verkaufen, und jetzt bin ich der einzige, der etwas Geld nach Hause bringen könnte!"

„Schon besser. Ich stelle Ihnen jetzt einmal ein paar Fragen aus unserer Praxis: Woran liegt's, wenn die österreichische Fußballnationalmannschaft wieder einmal ein Ländermatch verloren hat?"

„Da gibt's viele Möglichkeiten: Der Rasen war zu kurz geschnitten, unsere Spieler hatten in beiden Halbzeiten Gegenwind, und die Journalisten setzen das Team mit ihren hohen Erwartungen zu sehr unter Druck …"

„Ja, ja, nicht schlecht! Was sagen Sie, wenn ein öffentliches Bauprojekt fünf Milliarden kosten soll und am Ende auf vierzig Milliarden kommt?"

„Ich meine, eine Baukostenüberschreitung auf das zehnfache ist durchaus branchenüblich, und so gesehen wurde das Projekt sogar deutlich billiger als erwartet!"

„Sie haben gerade eine Wahl verloren. Wie erklären Sie das der Presse?"

„Ganz einfach: Unsere Stammwähler sind die, die unsere Republik mit ihrer ehrlichen Arbeit erhalten und konnten deshalb nicht zur Wahl gehen!"

„Am Sonntag?"

„Da müssen sie die Zeit mit ihrer Familie verbringen, denn die sind doch der Keim unserer Gesellschaft!"

„Gratuliere, Sie sind engagiert! Können Sie gleich morgen anfangen?"

„Gleich Morgen? Das wäre leider sehr ungünstig, weil der Wellensittich meiner Großmutter davon geflogen ist, und ich hab ihr versprochen, nach ihm zu suchen!"

Gute Ausreden sind natürlich immer und überall gefragt. Stellen Sie sich zum Beispiel vor, Sie bekommen eine gar nicht so besonders erwünschte …

SILVESTEREINLADUNG

„Servus Josef, wie schaut's aus? Feier ma Silvester heuer wieder miteinander? Das wird bestimmt lustig!"

„Das geht heuer leider nicht!", antwortete Josef und begann fieberhaft nachzudenken. Der Silvesterabend bei den Rieglers war nie besonders lustig gewesen und beim letzten Mal schon gar nicht. Also sagte er:

„Wir sind nämlich schon fix bei den Leitners!"

Schon nach kurzer Zeit kamen Josef Bedenken, und er wählte schnell die Telefonnummer der Familie Leitner.

„Hallo, was machts ihr denn heuer zu Silvester?", fragte er, und man konnte deutlich hören, wie Herr Leitner zögerte.

„Du, i sag's gleich, wir feiern leider bei den Stadlers!"

„Wieso leider?"

„Weil wir eigentlich die Brunners einladen wollten, die aber schon bei den Bergers sind!"

„Also, ich wollt dir eigentlich nur sagen, falls ihr die Rieglers trefffts, sagts ihnen bitte, dass wir heuer bei euch feiern!"

Am nächsten Tag rief Leitner den Josef zurück und sagte:

„Jetzt hamma den Salat! Ich seh wirklich den Riegler auf der Straßen und sag ihm, dass ihr heuer zu uns kommts, worauf er meint, wir sollten doch alle miteinander bei ihnen feiern. Er hätt den meisten Platz und die beste Bowle. Wir können aber net, weil wir schon bei den Müllers san!"

„Mir hast gestern erklärt, ihr gehts zu den Stadlers, weil die Brunners net kommen können!"

„Ja, also, des hab ich nur g'sagt, weil wir heuer endlich einmal allein feiern wollten!"

„Ja, wir doch auch!"

Es entstand eine ganz kurze, feierliche Stille. Die beiden Freunde hatten sich ehrlich ausgesprochen, und das erzeugte ein Gefühl der tiefen inneren Verbundenheit, sodass Josef ganz spontan sagte – ja sagen musste:

„Weißt was? Wenn wir schon endlich einmal alleine feiern, dann sollt ma des gemeinsam machen. Ich frag gleich die Pichlers, ob s' auch Zeit ham!"

Eine Grippe ist eine sehr gute Ausrede, allerdings nur dann, wenn man sie nicht wirklich hat. Ist dies dennoch der Fall, so lasse man sich in aller Ruhe bemitleiden und hole den Arzt. Und der stellt dann bestimmt die Frage …

WIE GEHT'S UNS DENN?

„Das weiß ich nicht!", antwortet der Grippekranke.

„Was soll das heißen?"

„Das soll heißen: ich weiß natürlich, wie's *mir* geht, aber ich habe keine Ahnung, wie *Sie* sich fühlen!"

„Das steht auch jetzt nicht zur Debatte!"

„Warum fragen Sie dann?"

„Weil ich Sie ärztlich behandle! Also, sind unsere Halsschmerzen besser geworden?"

„Sie ordinieren mit Halsschmerzen? Tun Sie das öfter?"

„Ich ordiniere täglich, ohne Halsschmerzen ..."

„Na, jetzt brauchen Sie offensichtlich selber einen Doktor!"

„Mir scheint, wir haben ein bisserl Fieber!"

„Fieber auch noch? Aber da gehört man doch ins Bett!"

„Vollkommen richtig! Deshalb rate ich in solchen Fällen dringend, unter der Decke zu bleiben."

„Und Sie? Sie rennen einfach so herum?"

„Seien Sie froh! Sonst könnte ich ja keine Hausbesuche machen. Haben wir unsere Tabletten genommen?"

„Ich schon!"

„Und wer nicht?"

„Na *Sie*! Aber wenn Sie wollen, gebe ich Ihnen eine von *meinen* Tabletten!"

„Ich brauche Ihre Tabletten nicht!"

„Natürlich! Als Arzt haben Sie selbst genug davon."

„Aber soviel ich weiß, bekomme ich von Ihnen noch das Honorar für die letzte Untersuchung!"

„Wissen Sie was? Das haben wir schon!"

„Wer?"

„Na wir! Und wenn wir uns nicht mehr daran erinnern können, sollten wir uns vielleicht bald einmal einen Erholungsurlaub gönnen!"

„Gemeinsam?"

„Wie wir wollen!"

Warum der (Ost-)Österreicher gerne in der Mehrzahl redet, wenn er doch nur einen meint, wäre eine genauere Untersuchung wert. Aber leider kümmert sich fast niemand um …

DIE WIRKLICH WICHTIGEN FRAGEN
(Lied)

Warum singen alle eig'ntlich nur
von der Liebe nur in einer Tour?
Dabei gäb's doch so viel andre Dinge,
wo ich lange schon um Klarheit ringe.
Sagen S' doch selber, wäre das nicht nett,
wenn man darauf eine Antwort hätt?

Warum wird im Gemüsebeet nur das Gemüse von Schnecken gefressen und nicht das Unkraut? Warum ist nie besetzt, wenn man eine falsche Telefonnummer wählt? Bekommt man sein Geld zurück, wenn ein Taxi rückwärts fährt? Muss man sich für einen Besuch beim Hellseher einen Termin ausmachen?

Schau'n Sie, das wär wirklich interessant,
auch für Wissenschafter relevant.
Aber nein, da forschen S' in der Szene
lieber rund um Atome und Gene.
Mir ist das im Grunde zu abstrakt,
weil mich doch viel mehr die Frage plagt:

Wenn es heute null Grad hat und morgen doppelt so kalt werden soll, wie viel Grad hat es dann morgen? Warum hat Noah auch die Gelsen auf seiner Arche mitgenommen? Ein Butterbrot landet immer auf der Butterseite und eine Katze stets auf ihren Pfoten. Was passiert, wenn man einer Katze Butter auf den Rücken schmiert?

Warum kümmert man sich in der Welt
doch am meisten immer nur um's Geld?
Jeder fragt sich, wo gibt's was zu holen?
Wie kann man die andern überrollen?
Doch die Weltherrschaft, den ersten Preis
kriegt nur der, der hier die Lösung weiß:

Leben verheiratete Menschen wirklich länger oder kommt es
ihnen nur so vor? Woher will einer wissen, dass jemand ein
Fremder ist, wenn er ihn gar nicht kennt? Eine Thermoskanne
hält im Winter warm und im Sommer kalt – aber woher weiß
sie, wann Sommer und Winter ist? Wenn Schwimmen schlank
macht, was machen dann die Wale falsch? Denken wir gemeinsam darüber nach!

Eine der großen Fragen ist auch, woher zu Ostern die vielen bunt bemalten Eier kommen. Genau Bescheid weiß ganz bestimmt …

TOBI, DER JUNIOROSTERHASE

Tobi ist der jüngste Sohn der Familie Osterhase und denkt mit gemischten Gefühlen ans kommende Fest. Im vergangenen Jahr hat er das Ganze ja noch als Zuschauer erlebt: den Einkauf von tausenden Eiern, wobei sich Vater Hase wie immer darüber aufregte, dass die Hühner von Jahr zu Jahr unverschämtere Preise verlangen, und dann war da vor allem das mühsame Bemalen. Nun soll er erstmals selbst beim Pinseln helfen.

„Könnt ihr das nicht ein bisserl rationeller machen!", begehrt Tobi auf. „Mit einer Spritzmaschine kann man die Arbeit bequem in einem Tag erledigen!"

„Ja, aber ich will nicht, dass die Eier dann so ausschauen wie die im Supermarkt!", sagt der Vater.

„Wir haben das schon immer so gemacht!", protestiert der Osterhasen-Großvater. „Handarbeit muss Handarbeit bleiben!"

Aber der junge Tobi lässt nicht locker: „Dann lasst euch wenigstens ein paar neue Produkte einfallen! Wie wär's mit vegetarischen Eiern, unzerbrechlichen Eiern zum Eierpecken, Straußeneiern, Kolibrieiern, von innen beleuchteten Eiern, sprechenden Eiern, Weihnachtseiern, Eiern mit Internetanschluss …"

„Das kannst du alles machen, wenn du einmal das Ostergeschäft selber führst, aber jetzt passiert es so wie ich es sage!", beharrt der Vater unbeeindruckt. „Da hast du gleich einmal die erste Lage Eier ohne Internetanschluss, da ist die rote Farbe und hier der Pinsel!"

Lustlos beginnt Tobi zu malen, und weil er absolut nicht bei der Sache ist, fällt ihm gleich das erste Ei aus der Hand. Es bekommt einen Sprung, der Hasenvater schimpft, doch Tobi hat schon wieder eine Idee. Er nimmt sein Handy (so was haben jetzt auch schon die Osterhasenkinder) und schickt über Facebook eine Nachricht an die Menschen: „Hallo, hier ist Tobi, der Juniorosterhase. Wenn ihr heuer ein zerdepschtes Ei findet, das kommt von mir, und ich schicke euch damit ganz persönliche Ostergrüße!"

Sofort erreichen ihn tausende Antworten mit dem Kommentar ‚Gefällt mir', und zerbrochene Eier werden bei den Menschen zum Top-Hit dieses Osterfestes. Alle wollen eines haben, und Tobis Eltern haben größte Mühe, ihre unversehrten Eier überhaupt anzubringen.

„Irgendwie haben Kinder zu manchen Sachen schon einen ganz anderen Zugang!", seufzt Vater Osterhase, als er sich am Ostersonntag-Abend zu seiner Frau ins Nest kuschelt. Und sie sagt, was er sich die ganze Zeit schon denkt: „Im nächsten Jahr soll Tobi doch gleich das ganze Geschäft übernehmen, und wir machen endlich unseren Urlaub auf den Osterinseln!"

Dieses Buch soll zwar unterhalten, aber hier ist zur Abwechslung auch ein nützlicher Tipp. Ich sage Ihnen, was Sie machen müssen, und schon haben Sie eine ...

GRÜNE WELLE

Man kennt das ja. Da schleicht man mit dem Auto durch den Stadtverkehr und hat ständig das Gefühl, benachteiligt zu sein: in der Fahrspur zu fahren, wo's am langsamsten vorwärts geht und vor den Ampeln immer der Erste zu sein, der nicht mehr über die Kreuzung kommt.

An all das dachte Elisabeth, als sie losfuhr, ausnahmsweise aber aus einem ganz anderen Grund. Sie hatte nämlich eine viel zu warme Weste an und wollte sie beim nächsten Aufenthalt vor einer Ampel ausziehen. Der würde ja nicht lange auf sich warten lassen, dachte Elisabeth, aber sie täuschte sich.

Wie durch ein Wunder surfte sie auf einer endlosen grünen Welle durch die ganze Stadt und fand nirgends Gelegenheit, die Weste los zu werden. Sie hätte vielleicht am Straßenrand anhalten können, aber da sie gerade so flüssig unterwegs war, wollte sie das nun auch wieder nicht.

Schwitzend erreichte Elisabeth ihr Ziel, und sie beschloss, das gerade erlebte Phänomen in Zukunft zu nützen. Immer, wenn sie heute mit dem Auto wegfährt, nimmt sie sich irgendetwas vor, das sie bei der nächsten Rotphase erledigen will: was notieren, ein SMS abschicken, eine CD einlegen oder eine Fliege aus dem Auto ins Freie jagen. Und schon geht's ohne jeden Aufenthalt dahin!

Aber erzählen Sie den Trick bitte nicht zu vielen Leuten weiter! Wenn das nämlich jeder macht, funktioniert er nicht mehr.

Weil wir vorhin von interessanten und bisher unbeantworteten Fragen gesprochen haben. Es gibt da noch etwas, das mich vor allem bei meinen Auftritten vor Publikum beschäftigt: Es gibt von mir kaum brauchbare …

FOTOS IN ACTION

Sie wollen ein Foto von mir machen, live in action? Gerne, aber ich warne Sie! Ich habe bei 95 Prozent aller Aufnahmen die Augen geschlossen! Und bei den restlichen mache ich ein komisches Gesicht.

Ich weiß selber nicht, wie das möglich ist, weil ein Fotoblitz ja nur eine Hundertstelsekunde dauert, aber ich schaffe es, innerhalb dieser kurzen Zeitspanne das Niederdrücken des Auslösers wahrzunehmen, auch wenn der Knipser im hintersten Winkel des Raumes steht, und rechtzeitig die Augen zu schließen.

Noch größere Sorgen bereiten mir allerdings die professionelleren Fotografen. Die stellen sich nämlich hin, richten ihr Objektiv auf mich und wollen einen besonders günstigen Zeitpunkt abwarten. Sobald ich ihre Absicht bemerke, beginne ich, weil ich ja kooperativ sein will, in ihre Richtung zu starren.

Jetzt, denk ich mir da oft, jetzt wäre doch ein günstiger Moment, meine Augen befinden sich gerade in der fotofreundlichen Offenhalte-Arretierung. Aber nein, der Mensch drückt nicht ab! Während ich mich frage, worauf er eigentlich noch wartet, beginne ich ärgerlich und unkonzentriert zu werden, was auch mit der langsam auftrocknenden Tränenflüssigkeit zusammenhängt. Ich spiele einen falschen Gitarrengriff, mache ein blödes Gesicht, und genau in diesem Moment kommt der Blitz.

Na also, denke ich, wenigstens ist jetzt das Foto im Kasten, aber im nächsten Moment wird mir klar, dass dies nur der erste von mehreren kleinen Vorblitzen war, mit denen die Kamera versucht, ihre Elektronik einzustellen und rote Augen zu verhindern. Das gelingt ihr auch, denn ich habe auf dem Bild schließlich keine roten Augen, sondern geschlossene.

Der Fotograf schaut auf sein Display, bemerkt das natürlich gleich und setzt sofort zum nächsten Schnappschuss an. So geht das dahin, denn während es den Leuten früher noch leid um den Film war, sind die heutigen Digitalaufnahmen ja gratis.

Nur mich kosten sie die letzten Nerven.

Die digitale Fototechnik liefert schon unglaublich tolle Ergebnisse. Noch immer nicht ganz so perfekt ist die Übertragungsqualität von Telefongesprächen. Da versteht man oft nur …

HMLDMPF

„Servus, griaß di, da is der *Hmldmpf*! I hab ma dacht i muss mi wieder einmal melden!"

„Ja, des is aber lieb von dir!", antwortete ich in einem Tonfall, der meine Ratlosigkeit zunächst noch tadellos verbarg. *Hmldmpf*? Wer konnte das nur sein? Ich hatte den Namen nicht verstanden.

„Wir sollten wieder einmal was unternehmen!", sagte *Hmldmpf*, und in diesem Moment verpasste ich die letzte Gelegenheit, auf einigermaßen unpeinliche Weise nachzufragen, wer denn da überhaupt am Telefon wäre. Ich fragte nur halbherzig:

„Wann hab'n wir uns das letzte Mal g'sehn?"

„Vor einer Ewigkeit!", lautete *Hmldmpf*s enttäuschende Antwort, denn sie enthielt keinen verwertbaren Hinweis. Ich hatte nämlich schon sehr viele Menschen längere Zeit nicht mehr gesehen, unter denen wahrscheinlich auch einige *Hmldmpf*s waren.

Ich stellte daher eine weitere möglichst unverfängliche Erkundungsfrage: „Was machst denn grad so?"

„Telefonieren!", antwortete er und glaubte, damit besonders witzig zu sein.

„Und sonst?"

„Beruflich das, was ich immer schon g'macht hab, der Frau geht's gut, und die Kinder san aus'm Haus!"

Mein Gehirn arbeitete so intensiv, dass man die Synapsen weithin klappern hörte. Sie hatten das Unwort *Hmldmpf* inzwischen lautmalerisch mit allen mir bekannten Vornamen verglichen, ohne zu einem Ergebnis zu kommen. Deshalb unternahm ich einen weiteren Vorstoß:

„So was, jetzt fallt mir grad net ein, wie dein Ältester heißt!"

„Mach dir nix draus!", antwortete *Hmldmpf*. „Mir liegen die Namen von euren Zwillingen auch auf der Zungen ..."

„Wir ham doch keine Zwillinge!", antwortete ich überrascht.

„Na ... is dort net Jedlicka? Was lassen S' mi dann so lang reden, wenn's eh wissen, dass wir falsch verbunden san?"

„Ja mei, weil i halt schon lang wissen wollt, was eigentlich aus'm alten *Hmldmpf* worden is!"

Nur wenige Menschen glauben heutzutage noch, auf ein Mobiltelefon verzichten zu können. Doch eines Tages bekommen auch sie eines geschenkt. Hier ist die Geschichte von …

OMAS HANDY

„Liebe Oma, alles Gute zum Geburtstag!"

„Was habt's euch denn da wieder einfallen lassen? Ihr seid's ja net recht g'scheit!"

„Wir ham uns halt gedacht, dass du wirklich einmal ein Handy brauchst. Damit kannst uns jederzeit von überall anrufen!"

Großmutter betrachtete das Ding misstrauisch und sagte: „Das müsst's mir aber erst genau erklären!"

Das geschah auch gleich nach der Geburtstagsjause.

„Schau, das ist alles sehr einfach: Erst wählst du die Nummer, und dann druckst auf die grüne Taste. Eins is der Hansi, zwei die Erni, drei der Burli, vier die Tante Titi und fünf der Schrebergarten-Opa!"

„Aha! Wo gibt's denn solche Handys, wo der Hansi drauf is?"

„Na, des ham wir extra so programmiert! Ruf ihn gleich einmal an, damit ma wissen, ob's eh geht!"

„Da tut sich nix!"

„Lass schauen … oje! Weißt Oma, das müss ma leider erst aufladen. Du steckst es da in die Ladestation, und morgen früh kannst es schon verwenden!"

Hansi und Erni verabschiedeten sich, und am nächsten Tag läutete bei ihnen schon um sieben Uhr das Telefon. Mit halb geschlossenen Augen erkannte Erni am Display Großmutters Festnetznummer.

„Oma, was gibt's? Heut is Sonntag …"

„Tut mir leid, wenn i euch aufg'weckt hab, aber ich wollt grad vom Handy aus anrufen, und es funktioniert immer no net!"

„Ich schau am Nachmittag bei dir vorbei!", sagte Erni.

„Das is schön, i mach uns a Jausen!"

„Bitte keine Umständ, ich bleib nur drei Minuten!"

Nach einer ausgiebigen Jause mit einem frisch gebackenen Gugelhupf stellte Erni fest, dass bei Omas Handy die Tastensperre aktiviert war.

„Jetzt müsst es aber gehen!", sagte sie und ließ Oma wieder allein.

Sie blieb es aber nur bis zum nächsten Tag. Da musste Erni bei ihr das Rätsel lösen, warum sie immer bei der Polizei landete, wenn sie den Burli wählte.

Am Dienstag hatte sich die Oma mit dem Handy irgendwo im SMS-Ordner verfangen, am Mittwoch war das Ding plötzlich auf lautlos gestellt, am Donnerstag der Wecker losgegangen und am Freitag wieder der Akku leer. Am Samstag schaffte es Großmutter, ihr Handy in den Flugmodus zu versetzen, und am Sonntag fiel es ihr in den Suppentopf. Jetzt muss sie ein paar Tage ohne Mobiltelefon auskommen, aber sie wird es überleben, so wie sie schon die vorangegangenen 80 Jahre ohne dieses Zeug verbracht hat.

Es ist eines der bisher ungeklärten Phänomene bei Älterwerden: die Zeit vergeht immer schneller. Hat man ihn als Kind noch als Ewigkeit empfunden, so ist er für den Erwachsenen in Windeseile vorbei, der …

JAHRESLAUF *(Lied)*

Die Gartenmöbeln aus dem Keller,
den Sonnenschirm und Gartenschlauch,
den Oleander und den Griller,
und Reifen wechseln tu ma auch.

Dann kurz die schöne Zeit genießen,
wo man gern in der Sonne träumt,
und schon wird's herbstlich auf der Wiesen
und alles wieder weggeräumt.

Die Gartenmöbeln in den Keller,
den Sonnenschirm und Gartenschlauch,
den Oleander und den Griller,
dann g'hörn die Reifen g'wechselt auch.

Adventkranz basteln, Christbaum kaufen
und das Fondueg'schirr aus'm Schrank,
a paar Tag feiern und verschnaufen,
dann kommt der Baum weg, Gott sei Dank.

Und dann holst eh schon bald vom Keller
die Gartenmöbeln und den Schlauch,
und das geht jed's Jahr immer schneller,
wie alles sonst im Leben auch!

Der Christbaum und der Oleander,
die flieg'n nur so an dir vorbei,
es kommt dir alles durcheinander,
und eines Tages dann im Mai:

Da willst die Gartenmöbeln schleppen,
und plötzlich ist es damit Schluss,
denn wie so viele alten Deppen
hast du an schweren Hexenschuss!

Was erfahrene Menschen aus ihrer Jugendzeit erzählen, ist meistens mit Vorsicht zu genießen. Aber auch wenn sie wirklich bei der Wahrheit bleiben, können es die Jüngeren oft gar nicht glauben, wie das war …

DAMALS

„Kinder, ihr wisst ja gar nicht, wie gut ihr's habt!"

„Der Opa erzählt schon wieder vom Krieg …"

„Blödsinn, so alt bin ich auch wieder nicht. Aber ich hab ja noch was viel Unglaublicheres überlebt: die 50er- und 60er-Jahre!"

„Wieso? Was war denn da so arg?"

„Einfach alles! Wir sind zum Beispiel mit Autos ohne Sicherheitsgurten über Autobahnen ohne Leitschienen gefahren. Wir haben ein Kinderspielzeug gehabt, das heute wegen seiner giftigen Farben verboten wäre und Glasmurmeln, auf denen nicht einmal draufgestanden ist, dass man sie nicht schlucken soll!"

„Wahnsinn!"

„Im Schuhgeschäft hat es einen Röntgenapparat gegeben, mit dem wir immer geschaut haben, ob unsere Schuhe passen. Da hast du eine Strahlendosis abgekriegt, wegen der man heute eine ganze Stadt evakuieren würde!"

„Echt?"

„Wir haben Seifenkistenautos gebaut, bei denen wir erst während der Probefahrt draufgekommen sind, dass wir auf die Bremsen vergessen haben. Und wenn wir in der Schule einen Blödsinn gemacht haben, sind wir von den Lehrern zu einer Strafe verdonnert worden, und die Eltern haben das auch noch in Ordnung gefunden!"

„Das hast du alles überlebt?"

„Das und noch viel mehr! Wir haben versucht, mit Unkrautsalz eine Mondrakete zu bauen und vom Garagendach Flugversuche mit dem Regenschirm gemacht. Leider erfolglos!"

„Schade!"

„Aber dafür haben wir dem Nachbarn beim Fußballspielen das Fenster eingeschossen und heimlich Lianen geraucht!"

„Opa, du warst ja ein Held! Was würdest du sagen, wenn ich das alles machen tät?"

„Gar nichts mehr, weil mich auf der Stelle der Schlag treffen würde!"

Ja, das klingt heute unglaublich, was Opa in seiner Jugendzeit noch alles ungestraft machen durfte. Im Laufe der Jahrzehnte haben die Politiker aber emsig daran gearbeitet, ihren Staatsbürgern immer strengere Regeln zu verordnen. Und herausgekommen sind Vorschriften über …

VORSCHRIFTEN

„Tag, Herr Bürgermeister!"

„Grüß Sie Gott! Na? Was sagen Sie zu unserer neuen Errungenschaft, der Ampel am Hauptplatz? Sie ist die erste im ganzen Ort!"

„Super, ich hab sie mir schon genau angeschaut, weil ich dort jeden Tag im Stau stehe!"

„Sie müssen aber zugeben, dass der ganz ordentlich geregelt ist!"

„Das kann schon sein, aber früher hat's an dieser Kreuzung überhaupt nie einen Stau gegeben! Wenn rechts frei war, hat man sie überquert. Auf eigene Verantwortung!"

„Ja, auf eigene Verantwortung ist man auch bisher in beiden Richtungen durch die schmale Kirchengasse gefahren!"

„Das war eigentlich nie ein Problem. Wenn einer entgegenkommen ist, hat man ihm halt Platz gemacht!"

„Das ist jetzt zum Glück vorbei, seit die Kirchengasse Einbahn ist und wir den Verkehr in der Gegenrichtung über die Wiesengasse führen!"

„Dort haben die Kinder aber bisher immer gerne Fußball gespielt!"

„Das ist jetzt natürlich verboten. Fußballspielen können sie auf dem neuen Sportplatz!"

„Aber der ist eingezäunt!"

„Gott sei Dank! Damit die Bälle nicht mehr in der Gegend herumfliegen und nichts ruiniert wird. Den Schlüssel kann man sich zwischen 9 und 16 Uhr am Rathaus abholen. Die Kinder gehen einfach mit einem Erziehungsberechtigten zum Gemeindesekretär, hinterlegen 100 Euro Kaution, unterschreiben, dass sie die Benützungsbedingungen gelesen haben, und schon geht's los!"

„Faszinierend!"

„Das ist eben politischer Gestaltungswille! Alles wird besser, zweckmäßiger und schöner. In einem halben Jahr werden wir hier im Ort auch noch wesentlich sicherer leben als heute!"

„Wieso?"

„Weil wir dann die Helmpflicht für Fußgänger einführen. In den letzten zehn Jahren haben wir mindestens drei Fälle gehabt, wo Menschen von herabfallenden Kastanien getroffen worden sind. Die Kastanienbäume haben wir schon entfernt, aber sicher ist sicher ..."

„Sie meinen ..."

„Sind Sie mir nicht bös, ich muss jetzt weiter, wir machen ein paar Tage Familienurlaub und sollten in zwei Stunden am Flughafen sein ..."

„Wo fliegen Sie denn hin?"

„Auf eine Insel, wo wir ein kleines Haus gemietet haben. Wissen Sie, dort ist das Leben noch lebenswert. Keiner macht einem irgendwelche Vorschriften ... einfach paradiesisch!"

Man sollte aber schon zugeben, dass wir heute viel besser leben als die Leute früher. Man muss sich einmal überlegen, welche Zeitersparnis uns die Entwicklungen der Wissenschaft und Technik in der Arbeitswelt gebracht haben. Man kann sagen, wir haben heute täglich …

24 STUNDEN FREIZEIT

Schon früh am Morgen helfen uns verschiedene technische Errungenschaften Arbeitszeit zu sparen. Wir müssen nicht erst mühsam Badeöfen und Küchenherde anheizen, um heißes Wasser zu bekommen. Eine Maschine erledigt die Kaffeezubereitung praktisch von selbst, und der Geschirrspüler tut das Seine. Zeitersparnis: gut und gern eine Stunde.

Um an den Arbeitsplatz zu kommen ist es nicht mehr nötig, zu Fuß zu gehen oder unwillige Pferde anzuspannen, sondern das eigene Auto und öffentliche Verkehrsmittel befördern uns in Windeseile an das gewünschte Ziel. Aufzüge schleudern ihre Fahrgäste praktisch direkt in die Büros, und wieder haben wir mindestens zwei Stunden gewonnen. Nun geht's aber erst so richtig los!

Am Computer erledigen wir innerhalb weniger Minuten ein Arbeitspensum, das früher kaum in einem ganzen Tag zu schaffen gewesen wäre, und die verschiedenen Einrichtungen des elektronischen Nachrichtenaustausches machen persönliche Gespräche zum größten Teil überflüssig.

Dazu kommen segensreiche organisatorische Erleichterungen, sodass es zum Beispiel möglich ist, die Arbeit eines gerade gekündigten Kollegen spielend nebenher zu erledigen. Insgesamt sparen wir auf diese Weise, das hat man unlängst errechnet, im Durchschnitt täglich sechzehn Stunden.

Die Heimfahrt bringt noch einmal zwei Stunden, bevor schließlich zu Hause viele weitere Zeiteinsparungsapparate auf uns warten, wie Staubsauger, Waschmaschine, Bügelautomat und Mikrowellenherd. All diese Geräte bedeuten nichts anderes, als neuerlich drei Stunden pure Freizeit.

Haben Sie mitgezählt? Eins und zwei, sechzehn, zwei und drei, das ergibt in Summe 24 Stunden, die wir täglich für uns persönlich gewinnen können.

Ein Tag pro Tag, den man natürlich nicht wirklich als Freizeit konsumieren darf, weil man sich sonst all den Luxus vom Auto bis zur Mikrowelle gar nicht leisten kann.

Wir haben uns in der Zwischenzeit vielleicht s
wöhnt, aber auch das heutige Warenangebot in de
ist einfach umwerfend. Nehmen Sie nur das Obst u
in den Supermärkten, wir verdanken es der …

GLOBALISIERUNG

„Schöne Weintrauben hab'n Sie da!“, sagte eine Kundin zur Regalbetreuerin im Supermarkt. „Woher san denn die?“

„Aus Italien!“

„Aha, aber wir hab'n doch bei uns selber genug Weintrauben!“

„Möglich, aus Italien san's halt günstiger.“

„Und wie schaut's mit die Eierschwammerln aus?“

„Die kommen aus Litauen.“

„Wissen Sie überhaupt wo Litauen is? In Nordosteuropa!“

„Wollen S' mir jetzt an Vortrag halten? Da schauen S' her, da hätt ma ganz frische Äpfel aus Argentinien!“

„Hören S', i seh grad, Sie führen ja da die reinste Weltausstellung: Die Paradeiser kommen aus Holland, der Spargel aus Peru und die Ananas aus Brasilien!“

„Na bitte, jetzt sagen S' aber net, Sie hätten lieber einheimische Ananas!“

„Na, aber die Erdäpfel aus Israel wär'n doch wirklich net notwendig, und da, die Fisolen aus Thailand …!“

„Schauen Sie, es is heutzutag überhaupt ka Problem mehr, dass Sie die Kartoffeln aus Israel zum Schälen nach Italien schicken und in Holland zu Pommes Frites verarbeiten! Des is die Polarisierung!“

„Globalisierung! Und das bedeutet nix anderes, als dass man a Produkt so lang in der Welt herumschickt, bis es billiger is, wie des, was ma im eigenen Land produziert!"

„Ja, es kommt halt daher, dass der Transport der Ware überhaupt nix mehr kost!"

„Na, guat! Also wenn der Transport wirklich nix kost, dann besteh i drauf, dass i ma die Erdbeeren in Südafrika selber pflükken derf!"

„Des wird net möglich sein. Wenn's unbedingt selber ernten wollen, kann i Ihnen höchstens den Schnittlauch empfehlen."

„Der kommt doch sicher aus Griechenland!"

„Na, vom Gärtner um die Ecken, und des is a Türke!"

Globalisierung ist ein wichtiger Begriff in der ständig vor sich hin köchelnden Umweltdiskussion. Aber da gibt es noch einen viel prominenteren Begriff, den ich hiermit einmal ganz frech in Frage stelle. Ich meine das Wort …

NACHHALTIG

Nachhaltig war einmal ein kleines, ziemlich langweiliges Eigenschaftswort, das sich grämte, weil es so selten verwendet wurde. *Verliebt* müsste man heißen oder zumindest *reich* und *schön*, träumte es vor sich hin. An die Erfolge der großen Hauptworte wagte es gar nicht erst zu denken. In eigenen Wettbewerben wurden diese Starbegriffe alljährlich gewählt, und so räkelten sich *Rettungsgasse*, *Finanzkrise* und *Sparpaket* in der Sonne der deutschen Sprache.

Schon hatte *nachhaltig* jede Hoffnung aufgegeben, da eröffnete sich plötzlich eine Riesenchance. Die Ökologen suchten nach einem Wort, mit dem sie beschreiben konnten, wie man die Natur bewirtschaftet, ohne ihr *nachhaltig* zu schaden. Und siehe da, das war's!

Auf einmal wollten alle *nachhaltig* Bäume fällen, *nachhaltig* Öl gewinnen oder ebenso *nachhaltig* Strom erzeugen, und das flugs gebildete Hauptwort *Nachhaltigkeit* überstrahlte bald alle anderen Modeworte der deutschen Sprache, sogar den *EU-Rettungsschirm* und das *Minuswachstum*.

Das Adjektiv *nachhaltig* genießt seinen Ruhm, ist aber immer bescheiden geblieben. Denn es hat die berechtigte Sorge, es könnte einmal jemand dahinter kommen, dass es gar nicht das bedeutet, was alle glauben.

Wirklich *nachhaltig* war zum Beispiel das, was die alten Phönizier einst mit den Wäldern an der Mittelmeerküste gemacht haben. Sie holzten die dortige Vegetation dermaßen gründlich ab, um daraus Schiffe zu bauen, dass die betroffenen Landstriche noch heute kahl und felsig sind. Die Auswirkung dieser Rodung *hält* also bis heute *nach*, erzielte aber genau das Gegenteil von dem, was man heute mit *nachhaltiger* Bewirtschaftung erreichen will.

Aber wer weiß, vielleicht kommt beim heutigen Gerede von der *Nachhaltigkeit* am Ende ja auch so eine Aktion wie bei den alten Phöniziern heraus, und wir sind *nachhaltig* kaputt.

Das Wörtchen *nachhaltig* hat jedenfalls zur Sicherheit beim Notar eine eidesstattliche Erklärung hinterlegt, in der drinnen steht, dass es absolut unschuldig ist und immer nur falsch verstanden wurde.

Wichtiger als Worte sind Ideen und vor allem Taten. Man muss zum Beispiel nicht alles neu kaufen. Interessante Angebote gibt es auch immer wieder am Gebrauchtmarkt, zum Beispiel …

STROM AUS ZWEITER HAND

„Guten Tag! Sind Sie der, was in der Zeitung inseriert hat wegen dem günstigen Strom?", fragt die Stimme am Telefon.

„Ja bitte?"

„Ich tät mich da grundsätzlich dafür interessieren. Würden S' mir ein bisserl was über Ihr Angebot erzählen?"

„Also, Sie werden ja g'lesen ham, dass der Energiemarkt für jeden Anbieter freigeben worden is, und das heißt, dass Sie den Strom dort kaufen können, wo S' ihn am billigsten kriegen. Und diesbezüglich kann ich ein sehr gutes privates Angebot machen!"

„Wie darf ich das verstehen?"

„Schau'n Sie, der Strom, den ich daheim verbrauch, den hab ich so wie jeder andere teuer bezahlt. Er g'hört also mir, oder?"

„Natürlich!"

„Und auch wenn er durch meine Waschmaschin, den Elektroherd und alles andere g'rennt is, kann ich damit immer noch machen, was ich will?"

„Da haben Sie recht!"

„Das is der Punkt! Ich verkaufe meinen gebrauchten Strom um 50 Prozent billiger wie jeder andere Anbieter. Er hat 220 Volt und passt in jede Steckdosen!"

„Ja, das klingt interessant!"

„Sie können jederzeit mit einem Staubsauger oder irgendwas vorbeikommen und an Test machen. Aber rufen S' vorher an, weil ich hab auch schon ein paar andere Interessenten!"

„Angenommen, ich würde den Strom nehmen, wie macherten wir dann die Übergabe?"

„Ganz einfach, ich schick Ihnen den Strom per Mail!"

„Sehr gut, wären Sie vielleicht auch an einem Gegengeschäft interessiert?"

„Kommt drauf an! Was hätten Sie denn zu bieten?"

„Unser Kabelfernsehen! Wir schauen so wenig, und es bleiben jeden Tag mindestens 20 interessante Sendungen über. Es is mir leid um's Geld, wenn die keiner anschaut!"

Ich weiß nicht, wie's bei Ihnen ist, aber wenn ich einkaufen gehe und mich schließlich bei einer von mehreren Kassen anstelle, dann stehe ich garantiert dort, wo gar nichts weitergeht. Das ist mein Problem …

IM SUPERMARKT *(Lied)*

I steh vor der Kassa zwa,
leider Gottes net alla,
fuffzehn Leut san da vor mir,
na, i geh zur Kassa vier!

Doch nach fünf Minuten steht
fest, dass da nix weiter geht,
die Kassiererin is neu,
i geh schnell zur Kassa drei!

Da geht's weiter, flott und schnell,
doch dann bleib i auf der Stell,
weil irgend a Packerl Reis
hat ka Pickerl mit'm Preis!

Daraufhin, na klar, da wird
ewig lang telefoniert,
des macht mi glei wurlert ganz,
na, i hupf zur Kassa ans!

Da is still, i merk's erst jetzt,
weil der Platz is unbesetzt,
mein Gott, des passiert nur mir,
i schleich z'ruck zur Kassa vier!

Plötzlich bricht die Menge auf,
denn die Kassa ans macht auf,
ich mach einen Riesensatz,
und schaff nur den neunten Platz!

Sie werd'n sag'n: Na der is bled!
Doch ich hab's der Frau erzählt,
und die hat drauf g'sagt, dass man
mich leider net einkaufen schicken kann!
Und was will man mehr?

Jeder noch so friedliche Mensch, der anderen normalerweise höflich den Vortritt lässt, gerät einmal in eine Situation, in der er sich behaupten will. Und dann kommt es wohl oder übel zum beinharten …

WETTLAUF

Unlängst schlendere ich zum Postamt und bemerke plötzlich auf der anderen Straßenseite einen Mann, der ebenfalls in meine Richtung geht. Mich beunruhigt sofort, dass der Typ einen großen Rucksack trägt, in dem sich wahrscheinlich der ganze Postausgang seiner Firma befindet, den er jetzt kurz vor 17 Uhr noch aufgeben will. In unserem Postamt gibt es meistens nur einen besetzten Schalter, und das heißt, wenn es diesem Menschen gelingt, vor mir dort zu sein, warte ich mindestens zehn Minuten.

Ich mache immer längere Schritte, doch bald scheint es der andere bemerkt zu haben und beschleunigt seinen Gang ebenfalls.

Nun kommt ein großer LKW die Straße entlang und eröffnet mir eine Riesenchance. Solange mir der Wagen Deckung gibt, laufe ich so schnell ich kann, um heimlich einen Vorsprung herauszuarbeiten. Aber das scheint der andere genauso gemacht zu haben, denn als der LKW vorbei ist, liegen wir wieder Kopf an Kopf.

Es ist, zumindest bis jetzt, ein schöner Tag gewesen, überlege ich, und so wäre es ganz natürlich, wenn ich die letzte Strecke bis zum Postamt in einem scheinbar gedankenverlorenen Kinderhopslauf zurücklege. Aber während ich die ersten Sprünge mache, bemerke ich, dass mein Gegner demonstrativ auf die Uhr schaut und daraufhin hemmungslos zu laufen beginnt.

Jetzt hält auch mich nichts mehr. Wir rennen beide, was die Lungen hergeben. Der Unsympathler ist durch seinen Rucksack gehandicapt, dafür muss ich noch die Straße überqueren, weil das Postamt auf seiner Seite liegt. Es wird ein Lauf, bei dem es um alles geht, nicht nur um die Post, und ich rieche, dass diese Kreatur da drüben dasselbe denkt.

Die letzten zehn Meter. Ich sehe nur mehr die Glastür des Postamts vor mir. Ich fliege darauf zu und schlage als erster an!

Mit einem triumphierenden Lächeln suche ich nach dem unterlegenen Gegner, aber der ... ist einfach weitergelaufen! Ich erkenne gerade noch, wie er in Richtung Bahnhof verschwindet, wo der Zug einfährt, den er offensichtlich erreichen wollte.

So macht gewinnen keinen Spaß ...

Eine hervorragende Gelegenheit für einen fairen Wettstreit in der Familie oder im Freundeskreis ist …

EIN GUTES SPIEL

Franz, Lena, Gerhard und Karin hatten sich an jenem Abend zwar ohnehin gut unterhalten, doch als Franz sein neues Spiel *Bauchlandung* hervorholte, waren alle begeistert.

„Komischer Name für ein Spiel!", stellte Karin fest. „Wie geht denn das?"

„Ganz einfach!", antwortete Franz, obwohl er selber keine Ahnung hatte. Er nahm die Anleitung zur Hand und begann vorzulesen: „Zuerst bekommt einmal jeder 25 Spielfiguren. In die Mitte legen wir diesen Stoß Karten, das Brett und die drei Würfel."

„Klingt aber ziemlich kompliziert!", warf Lena ein, doch Franz beruhigte sie: „Macht nichts, wir sind ja alle intelligente Menschen oder? Jeder zieht eine Karte und weiß damit, wie oft er würfeln darf. Dann multipliziert er die Augenzahl seines Würfelergebnisses mit der Zahl, die auf dem Spielfeld steht …"

„Ich bin dafür, wir fangen einfach einmal an, dann sehen wir schon, was zu tun ist!", meinte Gerhard, und bald war das muntere Geplauder von vorhin angestrengter Konzentration gewichen.

„Wieso bist du jetzt gleich über 20 Felder gesprungen, obwohl du nur drei Einser gewürfelt hast?", wollte Karin von Franz wissen, und ihre Stimme klang verärgert.

„Weil ich beim ersten Zug auf dem Fliegenden Teppich gelandet bin, und da darf man gleich weiter vorrücken!"

„Kann schon sein!", lachte Lena schadenfroh. „Nur hast du

übersehen, dass man da, wo du jetzt stehst, zwei Runden aussetzen muss! Und Karin ist soeben ins Burgverlies gefallen, das bedeutet zehn Jahre Würfelverbot, Hahaha!"

Unter dem Tisch bekam Lena von Karin einen Fußtritt, worauf sie vor Schreck die Würfel fallen ließ.

„Würfel fallen auf den Boden – zurück an den Start!", zitierte Franz die Spielanleitung und rückte infolgedessen selbst um zehn weitere Felder vor.

„Natürlich, der Herr Gut kennt die Spielregeln wieder einmal besser als alle anderen!", rief Lena wütend, beruhigte sich aber augenblicklich, als es Gerhard mit einer Jokerkarte gelang, Franz in hohem Bogen aus dem Spiel zu werfen.

„Findest du das vielleicht komisch?", fragte dieser scharf. „Ich glaube, du vergisst, dass Lena und ich euch eingeladen haben! Zum Essen, wohlgemerkt, obwohl es das letzte Mal bei euch nicht einmal Chips gegeben hat!"

„Na und? Auf eure verbrannten Toasts hätten wir leicht verzichten können!", zischte Karin. Sie sprang auf, ließ Gerhard wissen, dass sie auch ihn nie mehr sehen wollte, und lief aus dem Zimmer.

Franz trennte sich von Lena, die Wohnung wurde verkauft, und das Spiel *Bauchlandung* landete auf dem Flohmarkt.

Allerdings blieben Franz, Lena, Gerhard und Karin nicht lange böse aufeinander. Sie haben sich inzwischen wieder versöhnt – bei einer Partie *Frisch gewagt ist halb gewonnen!*

Es ist auch schön, ohne irgendein Spiel ganz einfach nur mit einem alten Freund beisammen zu sitzen und über Gott und die Welt zu plaudern. Und noch interessanter wird's, wenn ein bisserl Alkohol die Gespräche zusätzlich beflügelt. Es bringt völlig neue Sichtweisen, das …

PHILOSOPHIEREN BEIM HEURIGEN

„Na, und was sagst du zu diesem Skandal, wo's jetzt wieder draufkommen san?", sagt mein Schulfreund, nachdem wir schon ein Dutzend Gesprächsthemen abgegrast haben.

„Welchen?", frage ich und stelle mein Viertel so wie die drei vorangegangenen wieder genau auf dasselbe Astloch der alten Heurigentischplatte. „Skandal gibt's doch jeden Tag an neuen!"

„Na ja, is eh wurscht … auf an Untersuchungsausschuss mehr oder weniger kummt's a nimmer an!"

„Stell dir vor, solche Leut wie du und i täten einmal so a Linke probieren …!"

„Da derwischerten s'uns glei!"

„Waßt, damit's funktioniert, brauchst bei jeder Gaunerei a gewisse Größenordnung!", sage ich und stelle Salz- und Pfefferstreuer in eine Linie mit meinem Glas, parallel zur Holzmaserung des Tisches.

„Genau!"

„Ich frag mi nur, ob jetzt mehr Skandale passieren wie früher, oder ob's nur auf mehr draufkommen!"

„Na ja, es war sicher früher a scho so, aber heute is net so wie damals!"

„Wie meinst du des jetzt genau?"

„Also, schuld is des ganze System!"

„Auf jeden Fall!" Ich rücke Salz- und Pfefferstreuer noch einmal genau zurecht und sammle mich. „I sag dir was. I hab schon viel erlebt und waß es heute ganz bestimmt: Des is des allerwichtigste!"

„Was?"

„Na, des Ganze!" Ich zelebriere einen philosophischen Schluck Blauen Portugieser und habe das deutliche, wenn auch etwas schwindlige Gefühl, dass ich knapp vor der Lösung des größten Rätsels der Menschheit stehe. Seit dem letzten Viertel erkenne ich die Struktur des Universums. Wie das Astloch des Tisches und das Weinglas, der Alkoholisierte an der Schank und schließlich die ganze Welt auf wundersame Weise zusammenpassen. Es ist plötzlich alles ganz einfach, und ich werde es meinem Freund auch gleich mit wenigen genialen Worten erklären!

Aber erst muss ich noch fürchterlich dringend auf's Klo!

Der Mensch als intelligentes Lebewesen hat ganz verschiedene Bedürfnisse. Er forscht und strebt nach Erkenntnissen, er hat künstlerische Ambitionen und legt Wert auf soziale Anerkennung. Am allerliebsten tun die meisten aber …

FRESSEN UND SAUFEN

„Weißt, was i net versteh? Die Leut jammern, dass die Zeiten immer schlechter werd'n, und dabei ham's nix im Kopf wie fressen und saufen!"

„Und Urlaub machen!"

„Und dann erst recht fressen und saufen. I hab ma des unlängst dacht, wie ma bei an Neujahrs-Galadiner war'n. Am nächsten Tag san ma auf an Kater-Sektbrunch gangen, und es war wieder alles voller Leut!"

„Ich freu mich dann immer schon auf die Fastenzeit. So a Heringschmaus ist doch was Feines!"

„Ich persönlich bin ja a Fan von die Bärlauchwochen und die Lammspezialitäten zu Ostern. In dem Restaurant, wo wir da immer hingehen, musst schon im Jänner vorbestellen!"

„Ich sag's ja! Nix wie fressen und saufen tun die Leut! Vor allem zur Spargelzeit im Mai. Da können mei Frau und i oft schon kann Spargel mehr seh'n!"

„Fast a Erlösung, wenn ma dann am Muttertag auf ein ganz normales Wiener Schnitzel gehen kann! Wir kennen da a Lokal, da hängt des Schnitzel zehn Zentimeter über'n Tellerrand!"

„Na ja, zum Glück kommt im Juni eh schon die Grill-Saison. Was mir so dran g'fallt, san diese ‚All-you-can eat'-Angebote. Da hab ich voriges Jahr einmal so viel gessen, dass ma drei Tag lang schlecht war!"

„Mir rinnt jetzt schon das Wasser im Mund z'samm, wenn ich an die Mediterranen Wochen beim Italiener denk …"

„… und mir beim Gedanken an die Schwammerlwochen im August. Obwohl mir die Wildsaison im September fast noch lieber is!"

„Net vergessen darfst die Kürbiswochen. Da musst zehn Mal essen gehn, wenn du's durchprobieren willst, was ma aus Kürbis alles machen kann!"

„Aber dann freu i mi schon langsam auf die Martiniganseln! Und auf ja und na sitzt ma am Heiligen Abend endlich vor an guten Karpfen!"

„Weißt, was ich mir letztes Mal zu Weihnachten vorg'nommen hab? Dass ma des Leben wieder a bisserl mehr genießen sollt!

Sehr gut essen kann man zum Beispiel auch bei einer Benefiz-gala, und man tut es noch dazu für einen guten Zweck. Dort treten dann oft auch bekannte Bühnenstars auf, und welche das sind, entscheidet sich nach den banalen Regeln der …

SHOWBRANCHE

Zwei Stunden hatte die Sitzung der Eventagentur schon gedauert, man hatte eingehend über Ablauf, Gästeliste und Catering diskutiert und wollte schon auseinander gehen, als dem Agenturchef noch etwas einfiel.

„Meine Herrschaften! Wir müssen noch kurz darüber reden, welche Künstler wir für diese Benefizgala engagieren. Hat jemand einen Vorschlag?"

„Ich hab mir überlegt, wir nehmen wieder den DJ Berti, den Reini Bartwisch und den Chevalier!"

„Das hätt ich auch gesagt, bitte abchecken, ob wir's kriegen!"

Es klappte, obwohl es gar nicht einfach war. Denn genau diese Künstler wollten auch alle anderen. Das hatte sich seit Jahren zwischen Agenturen, Medienleuten und Veranstaltern so eingespielt, denn Quereinsteiger, die zum Beispiel gerade irgendein Talente-Casting gewonnen hatten, waren nach ihrem Sieg ja nur ganz kurze Zeit verwendbar. Sie gerieten leider so schnell wieder in Vergessenheit.

DJ Berti, Bartwisch und Chevalier, kurz DBC, blieben die Fixsterne am Showhimmel, doch dafür mussten sie auch bei jedem Auftritt einen ihrer Evergreens singen. Für das Publikum war es dann interessant zu beobachten, wie DBC ihren Widerwillen bekämpften, die alten Hadern wieder und wieder zu reproduzieren, während sie doch glaubten, sich künstlerisch längst weiter entwickelt zu haben.

Aber nicht nur durch Auftritte wurde der Marktwert von DBC aufrechterhalten, sondern auch durch die Mitwirkung in Filmen, Quizshows und Preisverleihungen. Man überreichte ihnen alle nur denkbaren goldenen Studioaschenbecher und Häuselschlüssel, und besonders rührend war es, wenn ein Künstler die Laudatio für den anderen hielt. Da flossen dann die Tränen.

Es kam schon vor, dass dies auch den hartgesottensten Managern der Showbranche zu viel wurde, aber dann trösteten sie sich schnell mit ihren Meinungsumfragen: Schuld ist nur dieses Publikum! Es will schon auch manchmal was Neues hören, aber erst dann, wenn es ein Oldie ist!

Auch für eine private Geburtstagsfeier kann man ein paar Show-elemente gut gebrauchen. Und so hat man auch mich schon gebeten, um ein kleines ...

GELEGENHEITSGEDICHT

„Du bist a Dichter, geh schreib schnell,
bei dir geht des doch auf der Stell,
a bisserl was für'n Onkel Franz,
der hat Geburtstag, nur was Klan's!
Von G'sundheit und noch viele Jahr,
von seinerzeit, wie's früher war
und seiner Sammelleidenschaft, genau,
da ärgert sich ja oft sei Frau!
Dann g'hörert noch in des Gedicht,
dass er so g'schickt im Haus all's richt,
des Auto immer aufpoliert,
bis an vor Glanz ganz schwindlig wird.
Und dass er manchmal gern was kocht,
die Kuchel zu an Saustall macht!
Du kennst den Franz ja eh sehr gut
und waßt, wie man des schreiben tut!"

So hör ich mir das Ganze an
und sag zu meinem Freund sodann,
der daraufhin etwas erblasst:
„Du, wenn du eh gar so viel waßt,
schreib des Gedicht doch selber glei!
Da setz di her, da is a Blei,
du kannst des sicher, ganz gewiss,
i sag dir dann, ob's gut word'n is!"

Die Menschen sind auf unserem Planeten ja schon ziemlich arrogant geworden. Sie glauben tatsächlich, dass sie sich die Natur untertan gemacht haben, was alle aber nach wie vor beeindruckt, sind gelegentliche …

NATURSCHAUSPIELE

Das Universum hat unlängst einen neuen Intendanten für die Abteilung Naturschauspiele bestellt. Er ist noch jung und mit großen Ambitionen an sein neues Amt herangegangen.

„So kann das nicht weitergehen!", sagte er bei seinem ersten öffentlichen Auftritt. „Seit Jahrtausenden läuft hier alles auf dieselbe Weise ab! Das Repertoire der gespielten Stücke beschränkt sich auf die sattsam bekannten Jahreszeiten Frühling, Sommer, Herbst und Winter, die immer wieder in den uralten, verstaubten Inszenierungen über die Bühne gehen. Die Menschen, aber auch die Tier- und Pflanzenwelt haben sich längst neue Regiekonzepte verdient.

Ich will hier einen frischen Wind wehen lassen! Moderne Naturschauspiele müssen provozieren und unterhalten, vor allem aber alle zur Verfügung stehenden Effekte optimal zur Geltung bringen.

Wozu gibt es Polarlichter, Regenbögen, Sternschnuppen und Sonnenfinsternisse, wenn sie nur alle heiligen Zeiten eingesetzt werden? Wer sagt, dass Schnee immer weiß sein muss und Alpenglühen immer rot?"

Die Augen des jungen Intendanten funkelten unternehmungslustig, und die wenigen Besucher seiner Pressekonferenz klatschten Beifall, doch schon am nächsten Tag bestellte ihn der Vorstandsdirektor des Universums zu sich.

„Hören Sie zu, junger Freund!", sagte er. „Wir wissen ihr Engagement zu schätzen, aber wenn Sie bei uns Karriere machen wollen, dann denken Sie daran, dass unser Publikum sehr konservativ ist und die kitschigen alten Inszenierungen liebt. Die Menschen sind doch schon ganz aufgeregt, wenn es einmal im April noch schneit! Meinetwegen experimentieren Sie, aber so behutsam, dass man es in frühestens tausend Jahren merkt!"

Jetzt werden Sie verstehen, warum alles ist wie es ist. Auf den blauen Schnee im August wird man noch eine Weile warten müssen. Und wenn er trotzdem kommt, war das kein Regie-Gag des Intendanten der Naturschauspiele, sondern eine Panne der chemischen Industrie.

Was in der Natur, zum Beispiel im Tierreich passiert, ist ja schon manchmal ziemlich brutal. Hier ist eine kleine Geschichte mit einer gewissen Lebensweisheit, die auch auf Menschen anwendbar ist: …

DIE LÖWENPARABEL

Die Löwin hat Junge bekommen, deshalb sind einige Tiere der Savanne ziemlich beunruhigt. Denn kleine Löwen haben großen Hunger, und es ist bekannt, dass ihnen die Löwenmutter besonders gute Leckerbissen vorlegen will, damit sie sich gut entwickeln. Sie hat eine Speisekarte zusammengestellt und geht jeden Tag systematisch auf die Jagd.

So sorgt sich auch der Büffel um sein Leben, besucht die Löwin und fragt: „Sag einmal, stehe ich eigentlich auch auf deiner Speisekarte?"

„Ja", antwortet die Löwin. „Du bist schon bald an der Reihe!" Der Büffel läuft davon und schimpft zu Hause über die Unverfrorenheit der Löwin, ihm das auch noch ins Gesicht zu sagen! Nach einigen Tagen ist der Büffel tatsächlich tot und wird an die Löwenkinder verfüttert.

Nun beschließt auch die Antilope zur Löwin zu gehen. Schließlich ist sie ja viel flinker als der Büffel und hofft, von dieser leidigen Angelegenheit nicht betroffen zu sein. Doch die Löwin sagt: „Du machst dir leider falsche Hoffnungen. Denn auch du bist demnächst dran!"

„Na super!", flucht die Gazelle, kehrt auf ihr Savannengrundstück zurück und regt sich tagelang darüber auf, dass man gegen die feinen Raubtiere da oben nichts machen könne. Bald darauf wird sie von den jungen Löwen genüsslich gefressen.

Jetzt erreicht die allgemeine Aufregung der Savannentiere ihren Höhepunkt. Offensichtlich kann hier niemand seinem Schicksal entgehen, und auch ein Besuch bei der Löwin scheint nicht nur zwecklos, sondern auch frustrierend. Wer will das schon wissen, dass er bald ins Gras beißen soll.

Nur der Hase traut sich noch hinzugehen und stellt sich dem gefürchteten Ungeheuer. „Steh ich auch auf deiner Speisekarte?", fragt er leise, und die Löwin antwortet schläfrig: „Selbstverständlich! Was glaubst du denn?"

Der Hase atmet einmal tief durch. „Und wäre es vielleicht möglich, mich von deiner Liste zu streichen?"

„Kein Problem!" sagt die Löwin. „Dann gibt's halt nächste Woche einmal Restelessen!"

Also: Lieber einmal zu viel fragen, als einmal zu wenig!

Die Sprache der Menschen dient nicht nur zur Verständigung, sondern auch immer mehr dazu, vermeintlich heikle Dinge zu verschleiern und zu beschönigen. Die blödsinnigen Unworte, mit denen man das tut, nennt man …

EUPHEMISMEN

„Mei hast du aber an lieben Hund!"

„Ui, hoffentlich hat er das jetzt net g'hört!"

„Dass er liab is?"

„Na, dass du *Hund* zu ihm sagst! Des Wort is so negativ besetzt, und er reagiert da sehr empfindlich!"

„Aha, und wie sollt i eahm dann nennen?"

„*Säugetier mit Wolfshintergrund.* Damit kann er leben."

„Ah so? Da dürft ma ja *Schwein* a nimmer sagen?"

„Eh net! In der artgerechten Schweinehaltung heißt des *steckdosennasenartige Ringelschwanzträger!*"

„Des is aber schon ziemlich deppert!"

„Ganz im Gegenteil! Endlich san die Menschen draufkommen, dass es sehr drauf ankommt, wie man was sagt!"

„Also, wenn ich a *alte Schachtel* als *betagtes Kartonageprodukt* bezeichne, is des in Ordnung?"

„Das is ein schlechtes Beispiel! Aber *Vorstoß in den rückwärtigen Sektor* klingt doch auf jeden Fall besser wie *Rückzug*! Und *aufenthaltsbeendende Maßnahmen* ergreifen wirkt net so schiach wie *außeschmeissen*!"

„Es is aber dasselbe! Wenn ich zu jemandem sag, dass er ziemlich *bildungsfern* und *verhaltenskreativ* is, dann mein i ja in

Wirklichkeit trotzdem: Er is a *Trottel*!"

„Aber es kommt doch viel netter rüber! Politiker zum Beispiel könnten ja ohne verharmlosende Umschreibungen gar net leben! Wenn einer von *Gebührenanpassung* redt, meint er natürlich in Wirklichkeit *Erhöhung*, und wenn er etwas *nicht ausschließen* kann, bedeutet das nur: Macht's euch keine Gedanken, es ist *längst beschlossen*!"

„Und so wird auch die *Mülldeponie* zum *Entsorgungspark*, die *Wampen* zur *Problemzone* und die *Katastrophe* zur *Herausforderung*!"

„Und weißt, womit des anfangt? Wenn die Mutter zum Kind sagt, des Essen is *g'sund*. Damit meint sie eigentlich nur: Ich weiß eh, es is furchtbar *grauslich*, aber heute gibt's leider nix anderes!"

„Na ja, is ja wurscht! I mach jetzt a paar Tag Urlaub. Im Prospekt steht: *Kurzer Transfer zum Flughafen*!"

„Weißt eh, das heißt: Des Hotel liegt genau *in der Einflugschneisen*!"

Haben Sie schon einmal versucht, ein Buch von hinten nach vorne zu lesen? Das kann sehr reizvoll sein, vor allem, wenn es sich um einen Kriminalroman handelt. Erleben Sie dies am Beispiel folgender ...

STORY-KRIMINAL

„Festgenommen vorläufig sind Sie!", sagte der Kriminalkommissar und nahm Mr. Walter die Handschellen ab. Dann konfrontierte er ihn mit seinen Ermittlungsergebnissen.

„Umgebracht Frau Ihre haben Sie!"

Mr. Walter wirkte anfangs betroffen, ließ dann aber den Kommissar zur Tür hinaus und setzte sich seelenruhig vor den Fernseher.

Er dachte an die bevorstehende Vergangenheit. Heute noch wollte er sein Rosenbeet umgraben und dabei in einer Tiefe von einem Meter auf eine Teppichrolle stoßen. Der Rolle würde er daraufhin eine leblose Gestalt entnehmen und diese in die Küche tragen.

Gedacht – getan. Da lag sie nun tatsächlich vor ihm, die Frau, die ihn mit ihren ewigen Nörgeleien zur Weißglut bringe sollte.

Nachdem er sie einmal fest am Hals gepackt hatte, stand sie auf und machte ihm lautstarke Vorwürfe. Nicht etwa wegen ihres unfreiwilligen Aufenthalts in der Teppichrolle unter den Rosenstöcken, sondern wegen eines längeren Lokalbesuches am davorfolgenden Abend.

Völlig betrunken würde er wieder heimkommen, zeterte sie, und wirklich spürte Mr. Walter schon kurze Zeit darauf einen alkoholischen Schwindel in seinem Kopf.

Als dieser gegen Mitternacht immer heftiger wurde, torkelte

Mr. Walter in eine nahe gelegene Bar und spie knapp hintereinander vier doppelte Whisky in die Gläser.

Das half. Mit völlig klarem Kopf ging er wieder nach Hause.

Zu dumm – wenn er zu diesem Zeitpunkt vorausgesehen hätte, was gestern geschehen war, dann wären ihm eine Menge Scherereien erspart geblieben.

Im Radio ist es heutzutage üblich, jeden Wortbeitrag mehrere Male anzukündigen, damit die Hörer möglichst lange dran bleiben. Viel zu wenig angewendet wurde dieses sogenannte Teasing bisher bei der …

GEISTERFAHRERMELDUNG

Die Musik ist aus, der Moderator bekommt Rotlicht:

„ … Die schnulzigsten Schlager und geilsten Oldies aus den 70ern, 80ern und 90ern hören Sie nur hier auf diesem Sender. Bleiben Sie dran, in der kommenden halben Stunde gibt's wieder eine spannende Geisterfahrermeldung. Von uns erfahren Sie, wer wo gerade in die falsche Richtung fährt …"

Musik, dann wieder der Moderator:

„… Henry Valentino und Uschi mit ihrem legendären Erfolg *Im Wagen vor mir*. Ein kleiner Tipp: Wenn auch Sie gerade mit dem Auto unterwegs sind, dann wäre es gut, wenn der Wagen vor Ihnen auch in dieselbe Richtung fährt wie sie selbst, sonst sind Sie vielleicht einer jener Geisterfahrer, von denen gleich die Rede sein wird. Was Sie dann tun sollten, das verraten wir Ihnen in Kürze. Vorerst entspannen Sie sich aber noch mit *Mach die Augen zu* von Nicole …"

Nicole singt, und der Moderator meldet sich erneut:

„… Immer wieder hört man von Geisterfahrern auf unseren Straßen, und bestimmt sind auch gerade jetzt wieder einige unterwegs. Wenn Sie selbst im Augenblick das Gefühl haben, ein Geisterfahrer zu sein, dann rufen Sie uns an und erzählen Sie uns, wie es Ihnen dabei geht und welche Erfahrungen Sie vielleicht schon früher einmal mit dieser Art der Fortbewegung gemacht haben.

Und hier ist er jetzt, der wahnsinnigste Verkehrsdienst im ganzen Land mit einer Geisterfahrermeldung. Achtung Autofahrer: Auf irgendeiner Autobahn kommen Ihnen zwischen zwei Ortschaften ungefähr 1.000 Geisterfahrer pro Stunde entgegen. Bleiben Sie wo sie sind, und überholen Sie erst, wenn Sie ein Fahrzeug finden, das sich überholen lässt!"

Auch wenn alle auf der richtigen Straßenseite unterwegs sind, das Autofahren ist nur selten ein Vergnügen. Denn vor allem im Stadtgebiet lautet die Devise …

STOP-AND-GO

Wenn einer mit dem Auto fahrt,
er häufig vor der Ampel wart.
Wenn du es bist, fragst du dich nur:
Wieso steht grade deine Spur,
die andern alle fahr'n schon längst,
und während du dir noch was denkst,
ist's vorne auch schon wieder rot,
verdammt noch einmal, sapperlot!
Du wechselst daraufhin den Streifen,
doch es ist gar nicht zu begreifen:
Jetzt ist's diese, die nur steht
und wo partout nichts weitergeht!
Schon glaubst du fest, ganz sicherlich,
die Umwelt hat was gegen dich,
da merkst du, du hast ungewollt
im Stau zehn andre überholt.
Jetzt fluchen *die* und gar nicht schlecht -
Das Schicksal ist ja doch gerecht!

Lassen Sie uns noch kurz beim Thema bleiben, und betrachten wir den Straßenverkehr einmal aus der Sicht der Fußgänger. Finden Sie nicht auch, dass sie oft seltsam reagiert, …

DIE FUSSGÄNGERAMPEL

„He! Hast du da gerade gedrückt?"

„Ja, mit Verlaub! Ich will nämlich über die Straße gehen!"

„Aha! Der Herr befiehlt, und ich soll auf Grün schalten!"

„Na, dazu stehst du ja hier, oder?"

„Ich stehe da, um für einen flüssigen Verkehr zu sorgen."

„Spar dir die Quatscherei! Du könntest schon längst Grün sein!"

„Hast du wenigstens saubere Finger?"

„Ob ich was?"

„Ob du saubere Finger hast, will ich wissen! Jeder drückt auf meinen Knopf, egal, ob er gerade in der Nase gebohrt hat oder eine Leberkäsesemmel isst!"

„Du bist eben öffentlich!"

„Ja, aber nicht der Trottel für alle!"

„Schaltest du jetzt endlich um?"

„Es dauert noch eine Minute."

„Hast du so eine lange Leitung oder was?"

„Nein, aber meine Vorschriften. Den Benützern des Zebrastreifens soll durch eine generelle Wartezeit von 90 Sekunden Gelegenheit gegeben werden, darüber nachzudenken, warum sie die Straße überhaupt überqueren wollen!"

„Hallo? Du leistest Erziehungsarbeit?"

„Sicher! Es wäre ja möglich, dass du nach den 90 Sekunden draufkommst, dass du deine Geschäfte genauso gut auf der hiesigen Straßenseite erledigen könntest!"

„Ich glaube eher, du willst mir nur demonstrieren, dass ich ein kleines Würstel bin, das alles hinnehmen muss, was sich die feine Obrigkeit ausdenkt. Aber wir leben in einer Demokratie, zumindest auf dem Papier!"

„Eben deswegen wirst du ja auch zugeben, dass viel mehr Autos unterwegs sind als Fußgänger. Und Autofahrer wollen fahren, sonst würden sie ja nicht so heißen!"

„Weißt du was? Deine 90 Sekunden sind längst vorbei! Du kannst jetzt zeigen was du willst, ich geh einfach so über die Straße! Sie ist gerade frei!"

„Trottel! ... (und zu sich selbst) Ich habe schon gehofft, es ist der Monteur, der mich endlich repariert. Seit Tagen stehe ich jetzt schon auf Rot, und das ist mir langsam selber unangenehm!"

Immer wieder wird propagiert, mit öffentlichen Verkehrsmitteln zu fahren. Weil man aber den Weg von daheim bis zum nächsten Bahnhof oft trotzdem mit dem Auto zurücklegen muss, gibt es spezielle Parkplätze unter dem Motto …

PARK & RIDE

Herr Weber hatte genug. Wenn er als Pendler frühmorgens zum Bahnhof kam, wurde es immer schwieriger, einen Parkplatz zu finden. Lange vorbei waren die Zeiten, als er sein Auto direkt vor dem Stationsgebäude abstellen konnte. Nun musste er immer öfter auch noch einen langen Fußmarsch absolvieren. Park & Ride – allein dieses Schild machte ihn schon krank.

Eines Tages, an dem er zufällig wieder einmal einen halbwegs guten Parkplatz gefunden hatte, fasste er einen Entschluss: Als er am Abend von der Arbeit kam, ließ er sein Auto vor dem Bahnhof stehen und fuhr mit dem Taxi nach Hause.

Seiner Frau erklärte Herr Weber, dass der Wagen nicht angesprungen wäre, und am nächsten Morgen legte er den Weg zum Bahnhof mit seinem Fahrrad zurück.

Am Abend ergab sich die Gelegenheit, das Auto auf einen noch etwas günstigeren Platz umzuparken, und gut gelaunt setzte sich Herr Weber wieder auf's Rad.

Dieser Parkplatzoptimierungsprozess ging einige Tage so, bis das Wochenende kam. Am Sonntag früh, als alle noch schliefen, radelte Herr Weber zur Bahn und erblickte schon von weitem genau den freien Parkplatz, von dem er schon so lange geträumt hatte. Feierlich chauffierte er seinen Wagen ein paar Meter weiter direkt vor den Eingang der Station. Hier zog er mit Genugtuung die Handbremse an und war sicher, dass ihn niemand mehr von da verdrängen konnte, zumindest nicht bis zum nächsten Pickerltermin seines Autos. Dass er nun keinen verfügbaren Wagen mehr besaß, war ihm die Sache wert.

Am Montagmorgen fuhr er mit seinem Fahrrad extra fünf Minuten früher los, um die neidischen Blicke der Autofahrer genießen zu können, die er jetzt alle überlistet hatte. Doch der ganze Platz vor dem Bahnhof war leer und ein Bauarbeiter erklärte, dass man gerade mit Bodenmarkierungen beginne. Der eine Trottel, der trotz Halteverbotsschildern hier geparkt hatte, könne sich sein Auto vom Polizeiparkplatz abholen.

Dinge, die man ein Jahr lang nicht gebraucht hat, kann man angeblich getrost wegschmeißen. Das mag sein, aber wenn man sieht, was andere entsorgen, erwacht oft ein unbändiger Sammlerinstinkt. Das erlebt man zum Beispiel …

AM BAUHOF

„Grüß Sie, Herr Dworschak! Na, san ma a wieder einmal am Bauhof! Ma soll's ja net glauben, was sich im Lauf der Zeit für a Glumpert ansammelt. Aber jetzt hat mei Frau g'sagt, wenn i mein Hobbykeller net selber aufram, dann macht des sie!"

„Ja, Herr Pischinger, des is bei mir genau so! Und jetzt hab i des ganze Auto vollg'stopft mit die Sachen!"

„Lassen S' einmal schauen, was Sie da alles ham! Aha! An von die ersten Kassettenrekorder aus die 60er-Jahr! Wissen S', dass die heut scho selten san?"

„Wollen S'eahm ham? Sonst schmeiß i'n da drüben in Container!"

„Na ja, also eigentlich wär's schon schad drum! Und was is mit dem Aquarium? Is des no dicht?"

„Sowieso, aber wir ham schon seit zwanzig Jahr kane Fisch! I frag mi aber viel mehr, warum Sie die Schreibtischlampen weggeben, die is doch no super beinand!"

„Können Sie's brauchen? I nimm Ihnen dafür den Kassettenrekorder und des Aquarium ab!"

„Von mir aus gern! Aber is des Ihner Ernst, dass Sie den Bilderrahmen wegschmeißen?"

„Ja, er passt einfach nimmer in unser Wohnung!"

„Bei uns glaub i scho! Bilderrahmen gegen Modellflieger?"

„Gern! Dann gib i Ihnen den Vogelkäfig no dazu, und Sie überlassen ma die alte Brotdosen!"

Die beiden Männer begannen systematisch das Gerümpel untereinander auszutauschen, bis am Ende nur mehr ein alter Commodore-Computer übrigblieb, den keiner haben wollte.

„Den hau ma aber wirklich weg!", beschlossen sie und brachten ihn gemeinsam zum Behälter mit dem Elektromüll.

„Herr Dworschak! Schaun S' was die Leut alles weghaun! I halt's net aus!"

„An Diaprojektor!"

„A elektrische Schreibmaschin mit Kugelkopf!"

„A Röhren-Radio aus die 50er-Jahr!"

Gegen ein kleines Trinkgeld von hundert Euro hatte der Bauhofbedienstete schließlich nichts mehr dagegen, dass Dworschak und Pischinger all diese antiken Kostbarkeiten in ihre Autos verluden. Übrigens gerade noch rechtzeitig, denn schon standen zwei Männer vor dem Elektroschrott und fragten sich, welche unglaublichen Trotteln einen 30 Jahre alten, historisch wertvollen Commodore Amiga Computer wegschmeißen!

Wo sind die Zeiten, in denen man als Konsument nur seine Wünsche sagen musste, und schon wurde man rundum bedient, beliefert und betreut? Heute wird vom Kunden alles …

SELBST GEMACHT

Meine Bank hat mir unlängst wieder einmal die Aufforderung geschickt, endlich alle Geldgeschäfte bequem zu Hause am Computer zu erledigen und die Angestellten in der Filiale nicht bei der Arbeit aufzuhalten. Einige Zeit davor waren mir auch Mitteilungen ins Haus geflattert, denen zufolge der lästige Besuch von Gas-, Wasser und Stromablesern wegfiele, wenn ich mich zum komfortablen Selbstablesen entschließen könnte. Ich liebe diese Art von Kundenfreundlichkeit, die ja schon vor Jahrzehnten damit begonnen hat, dass man seine Möbel auf einmal selber basteln durfte.

„Na, was sagst zu mein' neuen Wohnzimmerverbau?“

„Tadellos! Des hat ja sicher a Schweinegeld kost!“

„Bitte, einmal muss man sich doch was leisten!“

„Wo hast denn die ganzen Kasteln her?“

„Vom neuen Schraubi-Möbelmarkt!“

„Tadellos! Hast dir's liefern lassen oder selber g'holt?“

„Na ja, selber transportieren ist natürlich viel günstiger! I hab mir so an LKW ausborgt, und damit war das überhaupt ka Problem!“

„Tadellos …“

„Des heißt, a bisserl a Problem war des Hauseck, was i versehentlich mitg'nommen hab. Aber i bin eben noch nie mit so an großen Auto g'fahren!“

„Is schon klar ...! Hast lang g'wart auf die Möbel?"

„Drei Monat!"

„Tadellos! Des passt!"

„Find i a ... Schneller war i halt net mit der Produktion, obwohl ich jeden Tag nach der Arbeit gleich in die Möbelfabrik g'fahren bin!"

„Hast du dir denn die Möbel selber g'macht?"

„Alles komplett! Zug'schnitten, bohrt, g'fräst, lackiert! Aber i hab Glück g'habt! A Tischler vom Schraubi hat mir vorzeigt, wie's geht!"

„Na Tadellos! Wenigstens hast beim Z'sammbauen dann schon die Praxis g'habt!"

„Genau! Und i kann wirklich mit Recht sagen, es san *meine* Möbel!"

„Jetzt frag ich mich nur ans: wenn du die Möbel selber baut, selber g'liefert und montiert hast, dann hätten s' dir des doch alles für'n Materialpreis geben müssen!"

„Ham s' aber net! Die vom Schraubi waren der Meinung, wenn ich alles selber mach, dann kann i a sicher sein, dass i nachher net reklamieren muss. Und des muss mir schon was wert sein!"

Es ist nicht wissenschaftlich erklärbar aber durch zahlreiche Ereignisse belegt: Auch scheinbar unbeseelte Gegenstände können ein Eigenleben entwickeln, zum Beispiel …

GRIFF UND SCHRAUBE

„Weißt du, wofür die Schraube ist?", fragte mich meine Frau und hielt mir ein kleines Ding entgegen, das sie unter dem Küchentisch gefunden hatte.

„Keine Ahnung! Leg sie mir halt auf den Schreibtisch!"

Es hat sich immer wieder als hilfreich erwiesen, das kleine Strandgut des Alltags eine Zeit lang aufzuheben, weil es oft länger dauert, bis man draufkommt, ob und wo es fehlt.

So war es auch bei dieser Schraube. Bis zu ihrer klammheimlichen Loslösung vom Toaster hatte sie zur Befestigung des kleinen Kunststoffgriffes gedient, mit dem man die Brotscheiben in die Schlitze schiebt. Der Griff hielt sich durch Verklebung noch einige Wochen an seinem Platz, fiel dann aber ab und wurde von mir am Boden gefunden.

Als ich den Bestandteil auf meinen Schreibtisch legte, dämmerte es mir, dass er zur Schraube gehörte, nur die war jetzt weg.

„Weißt du, wo die Schraube ist?", fragte ich, und meine Frau antwortete mit dem Lieblingssatz aller Frauen: „Wo du sie hingegeben hast!"

Nun lag der Griff eine Zeit lang auf der Tischplatte zwischen den Kugelschreibern herum, ich verlor ihn aus den Augen, und eines Tages fiel mir ganz zufällig wieder die Schraube in die Hände. Ich hatte sie in die Schale mit den Büroklammern gelegt, damit sie ja nicht verloren gehe, und es ist unnötig zu sagen, dass nun wieder der Griff verschwunden war.

Das ging ein ganzes Jahr so. Griff und Schraube hatten offensichtlich wechselseitige Abstoßungskräfte entwickelt, doch eines Tages geschah das Unerwartete: Ich hielt beide Teile in einer Hand und einen Schraubenzieher in der anderen. Ich war bereit, die Dinger wieder auf dem Toaster zu montieren und freute mich, dass sich meine Beharrlichkeit gelohnt hatte.

Auf dem Weg vom Arbeitszimmer in die Küche begegnete ich meiner Frau, die gerade vom Einkaufen zurückgekommen war. „Ich habe mich jetzt lange genug mit diesem kaputten Glumpert herumgeärgert! Heute hab ich ihn endlich weggeschmissen!", sagte sie und packte stolz einen neuen Toaster aus.

Zur vorigen Geschichte sagen Sie vielleicht: „Eigentlich wirklich wahr!" Und damit haben sie ein Wort gebraucht, das eigentlich nicht viel Sinn hat. Und das ist ...

EIGENTLICH KOMISCH

„Es tut ma leid, aber ich muss Ihnen sagen, dass Sie mir a bisserl auf die Nerven geh'n! Is Ihnen schon einmal aufg'fallen, dass Sie pausenlos eigentlich sagen?"

„Eigentlich net!"

„Da war's schon wieder! Können Sie das net bleiben lassen?"

„Ich find, dass Sie das eigentlich gar nix angeht!"

„Es macht mi aber narrisch!"

„Das ist mir eigentlich wurscht!"

„Sie ... na, was reg ich mich eigentlich so auf ...?"

„Des frag ich mich eigentlich a schon die ganze Zeit! Weil eigentlich gibt's viel ärgere Sachen als solche Klanigkeiten!"

„Das kann i ma eigentlich gar net vorstellen!"

„Hören S', wissen S', was mir eigentlich grad auffallt? Sie sagen's ja eigentlich selber dauernd!"

„Was? Eigentlich?"

„Na, eigentlich schon!"

„Das kann eigentlich nur sein, weil Sie mir des Eigentlich schon hundertmal vorg'sagt hab'n!"

„Gellen S', gegen manche Sachen is ma eigentlich machtlos!"

„Eigentlich wirklich!"

Was tut man, um sich etwas Wichtiges zu merken, wenn man es sich nicht aufschreiben kann? Ganz einfach, man macht den berühmten …

KNOPF IM TASCHENTUCH

Er geht mir nicht mehr aus dem Kopf,
in meinem Taschentuch der Knopf.
Vorhin hab ich ihn grad entdeckt,
jetzt fragt sich, was dahinter steckt!
Der sollte mich doch sicherlich
an was erinnern, was weiß ich:
ein wichtiges Telefonat,
was zu besorgen in der Stadt,
bestimmt hab ich den gestern Nacht
nicht nur aus purem Jux gemacht.
Jetzt bleibt mir nur noch meine Frau,
die weiß doch sonst alles genau,
doch was sie sagt, das trifft mich arg:
Verdammt, wir haben Hochzeitstag!
Sie meint, der Knopf war, dass ich es
wenigstens einmal nicht vergess!

Manche Politiker bemühen sich seit einigen Jahren, diverse öffentliche Projekte auf sehr kreative Art und Weise zu finanzieren. Leider geht das oft daneben, und ein gutes, eigentlich besonders schlechtes Beispiel dafür ist …

DER PROBERAUM

„Mei, so schön singen und spielen tuts ihr mit euern Musikverein, aber traurig is, dass ihr in einer alten verschwitzten Turngarderob üben müssts! Ihr braucherts an g'scheiten Proberaum!", sagt die nach einem Konzert begeisterte Frau.

„Es hätt ja beinah schon an geben, nur is dann leider allerhand dazwischen kommen!", antwortet der Leiter des Orchesters.

„Na schad!"

„Zuerst hamma im Musikverein beschlossen, wir machen a paar Benefizkonzerte, und mit die Einnahmen bau ma unser Turngarderob aus."

„Na super!"

„Leider hätt ma da im Jahr dreitausend Mal auftreten müssen, dass gnua Geld z'sammenkommt!"

„Na schad!"

„Dann is aber der Bürgermeister kommen und hat g'sagt, so klankariert kann ma des net machen. Er will eh a großes Gemeindezentrum bauen, und da rennt der Musikverein glei mit."

„Na super!"

„Er hat also unsre Spenden g'nommen und zum Bauen ang'fangen. Aber ma is schon beim Fundamentieren draufkommen, dass es der Gemeinde zu teuer wird."

„Na schad!"

„Deswegen ham s' des ganze Projekt an amerikanischen Investor verkauft und bei eahm wieder gemietet. Des machen angeblich alle so!"

„Na super!"

„Net wirklich! Weil der Herr Investor is nämlich in der Wirtschaftskrise z'grund gangen."

„Na schad!"

„Jetzt g'hört also unser neuer Probenraum, der no gar net baut is, an russischen Oligarchen."

„Na super!"

„Aber was ma so hört, will sich der aus dem Gemeindezentrum a privates Hallenbad bauen, nur für sich und sei Frau."

„Na schad! Aber wissts was? Lernts halt a paar russische Liedeln, vielleicht lasst euch der Oligarch in seiner Umkleidekabin a bisserl üb'n!"

„Sehn S', da bleib'n ma lieber glei in unsrer alten verschwitzten Turngarderob und können singen was ma wollen!"

„Na super!"

„Sag i ja!"

Wenn ein Chor ein oder zwei Tage intensiv proben will oder irgendein Guru sein Wissen um teures Geld an eine lernwillige Gruppe weitergeben möchte, dann tut man das ...

IM SEMINAR

„Herzlich willkommen bei meinem Seminar für nonsensuale Selbstheilung!"

Der Kursleiter stellte sich als Reini vor und gratulierte allen Teilnehmern zu ihrem Entschluss, einen ganzen Tag mit diesem außerordentlich wichtigen Thema zu verbringen.

„Vor einigen Jahren hatte ich selbst noch keine Ahnung davon und fühlte mich orientierungslos und krank!", setzte er fort. „Doch dann geschah ein Wunder. Ich besuchte einen nonsensualen Kurs, begann kurz darauf selbst Seminare zu halten und war auf einmal alle Sorgen los – auch meine finanziellen."

Reini ging an die Tafel und notierte in großer Schrift den essentiellen Spruch:

Nur wer sich selbst liebt, ist zu wahrer Eigenliebe fähig!

Während die Kursteilnehmer noch über den Sinn dieses Satzes nachdachten, begann Reini schon mit seinem Vortrag.

„Zunächst schlage ich vor, dass wir alle Du sagen und jeder ein bisserl was von sich erzählt. Natürlich nur, wenn ihr das wirklich wollt!"

Keiner wollte, doch alle gehorchten: der Prokurist im Trainingsanzug, die gouvernantenhafte Chefsekretärin, der Mitarbeiter aus der Spedition, der sich so herzig Mühe gab, hochdeutsch zu sprechen und all die anderen.

Reini forderte die Chefsekretärin auf, zwanglos an die Tafel zu kommen und ließ sie ihren Namen schreiben. Dann lehnte er sich mit überlegenem Lächeln zurück und begann das Gekritzel zu analysieren.

„Sie sind ein sehr positiv eingestellter Mensch, aber da gibt es ein ungelöstes Problem in ihrem Leben, das Sie schon seit Jahren mit sich herumschleppen!"

Die Chefsekretärin schluckte. Unglaublich, dieser Reini wusste von ihrem ewigen Sodbrennen nach dem Essen, wie hatte er das nur so auf den ersten Blick erkennen können?

Verwirrt nahm sie wieder Platz, und der Seminarleiter begann damit, verschiedene gesundheitliche Störungen aufzuzählen, die alle mit nonsensualer Selbstheilung spielend zu beherrschen wären. Jeder fühlte sich da angesprochen, auch der Spediteur mit seinen Herzrhythmusstörungen und der kreuzwehgeplagte Prokurist.

In den folgenden Stunden gelang es Reini hervorragend, die Seminarteilnehmer davon zu überzeugen, dass sie erstens wirklich krank waren und zweitens natürlich innerhalb eines einzigen Kurstages keine Hilfe erwarten konnten.

Nachdem er einige Fälle aus seiner erfolgreichen Praxis geschildert hatte, ließ sich Reini endlich dazu überreden, noch ein dreitägiges Intensiv-Seminar anzubieten.

Als die Runde auseinander ging, freuten sich alle auf den nächsten Kurs, und Reini bestellte sich im Hotelrestaurant noch schnell eine Portion Schweinsbraten mit Kraut und Knödel. Er vergaß aber auch nicht auf seine Tabletten gegen Sodbrennen, Herzrhytmusstörungen und Kreuzweh.

Der Körper des Menschen hat im Laufe seiner Entwicklungsgeschichte grundsätzlich immer funktioniert – auch ohne Seminare. Alle Organe haben stets harmonisch zusammengespielt, doch in letzter Zeit sind sie mit der Gesamtsituation unzufrieden. Ihr Ziel ist ...

DER NEOLIBERALE KÖRPER

„Aufwachen!", ruft das Gehirn um 6.30 Uhr. „Blutdruck steigern, Augen öffnen und das Bett verlassen!"

Die Augen sehen das aber gar nicht ein. „Wir bleiben geschlossen, das Badezimmer ist ohne weiteres auch blind zu erreichen!"

„Das kostet Energie, die wir nach dem langen Abend gestern nicht haben!", stöhnen die Muskeln. „Wenn wir uns in Bewegung setzen sollen, verlangen wir eine Entspannungspause spätestens nach Erreichen des Arbeitsplatzes!"

„Wollt ihr wieder einen Vorfall haben wie unlängst?", beschweren sich die Bandscheiben. „Wir tragen das nicht mehr mit!"

„Meinetwegen!", sagt das Gehirn. „Ab morgen gibt's täglich ein paar Übungen für die Wirbelsäule. Das wäre auch gut für den Kreislauf!"

„Danke!", blubbert das Blut. „Ihr wisst ja, dass die Blutbahnen kürzlich privatisiert worden sind! Die verrechnen uns jetzt jedes einzelne Blutkörperchen, das auf die Reise geht!"

„Ich kann auch nicht so weitermachen!", protestiert die Leber. „Ich bin ein klassischer Dienstleitungsbetrieb und stelle ab sofort jedes Promille Alkohol in Rechnung, das ich abbauen soll!"

„Wir haben gerade eine Holding gegründet, die den ganzen Bauchraum umfasst!", verkündet der Magen." Denn nur gemeinsam sind wir dick, äh, stark, wollte ich sagen."

„Und bitte wieso weiß ich da nichts davon!", beschwert sich das Gehirn. „Das habt ihr natürlich letzte Nacht beschlossen, während ich mit der Datenverarbeitung von gestern beschäftigt war! Aber so klug wie ihr bin ich schon lange: Ich arbeite in Zukunft als selbstständiges, gewinnorientiertes Unternehmen zum Zweck der operativen Leitung dieses jämmerlichen Lebewesens!"

„Zum Kotzen", murmelt der Magen, „überall hat dieses Hirn seine Nerven drin …", während die Beine von all den Vorgängen in den oberen Organen gar nichts mitbekommen haben und unbemerkt wieder eingeschlafen sind.

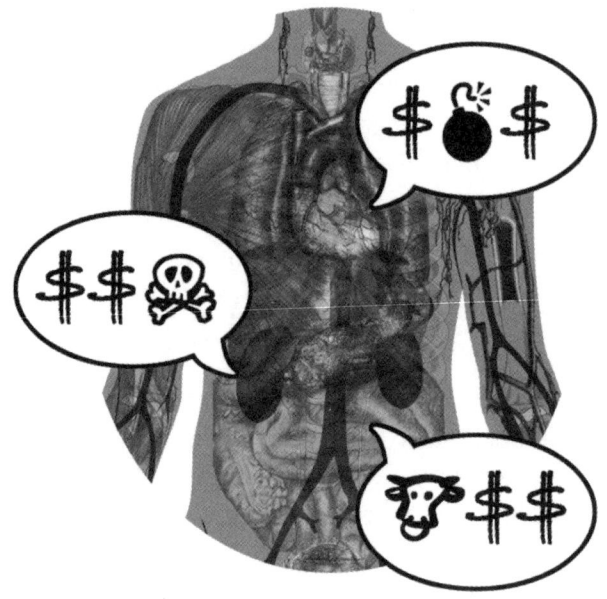

Auch wenn die Organe des Körpers gerade einigermaßen gut miteinander auskommen, der Mensch hat gravierende Schwachstellen, zum Beispiel seine Zähne. Und so empfiehlt sich hin und wieder ein Besuch …

BEIM ZAHNARZT

„So, jetzt machen Sie bitte den Mund weit auf! Wo tut's denn weh?"

„Achantn!"

„Wo? Sie müssen den Mund etwas weiter aufmachen!"

„Achantn!"

„Ja, ich seh's schon. Wann waren Sie denn das letzte Mal beim Zahnarzt?"

„Ajachacha!"

„Bitte ausspülen!"

„Das weiß ich nicht!"

„Was?"

„Wann ich das letzte Mal beim Zahnarzt war. Ich weiß nur noch, dass er damals gesagt hat, es wäre alles in Ordnung!"

„Bitte wieder aufmachen! Tut das weh?"

„A!"

„Und das?"

„Acha!"

„Bitte ausspülen. Bei Ihnen ist es wirklich höchste Zeit! Sie haben ja Löcher, Löcher, Löcher!"

„Warum sagen Sie das drei Mal?"

„Das war das Echo aus Ihren Karieshöhlen! Bitte wieder aufmachen! Sie sind hoffentlich nicht allzu schmerzempfindlich…"

„Chacha?"

„Weil ich mir sonst Watte in die Ohren stopfen würde. Die Leute sind ja oft so übertrieben wehleidig. Unlängst ist eine Patientin zu mir gekommen und hat gesagt, sie würde jetzt lieber noch ein Kind kriegen als diese Zahnbehandlung machen lassen."

„Acha …"

„Ich hab ihr gesagt, da müsste sie sich schnell entscheiden, weil ich für Geburten den Stuhl anders einstellen muss."

„Cha, cha!"

„Sie lachen, aber als Zahnarzt kommt einem schon eine Menge unter. Unlängst war ein Skelett bei mir. Die Zähne waren ja tadellos, aber das Zahnfleisch …!"

„Cha!"

„So, den Witz haben Sie schon gehört, aber kennen Sie auch den? Da kommt ein Beamter mit Schmerzen in die Ordination, und der Arzt sagt nur: Da füllen Sie erst einmal die Formulare aus und kommen Sie in drei Wochen wieder … Was ist, finden Sie den nicht gut?"

„Chein!"

„Bitte ausspülen!"

„Nein!"

„Wieso?"

„Ich bin Beamter im Finanzamt und übrigens auch für Ihren Steuerakt zuständig!"

Fatale gesundheitliche Probleme können auch durch Unfälle entstehen. Aber es gibt Leute, die verkaufen sogar ihre Niederlagen als Erfolge. So wird aus einem Unfall noch …

EIN GLÜCKSFALL

Ich habe meinen Freund Walter längere Zeit nicht gesehen, und als ich ihn jetzt endlich wieder traf, hatte er ein Gipsbein. Aber er machte gar keinen niedergeschlagenen Eindruck, im Gegenteil.

„Stell dir vor!", sagte er. „Dieses Glück was ich unlängst gehabt hab, das glaubst du nicht!"

„Was ist los? Hast du einen Lottotreffer gemacht?"

„So was Ähnliches! Also, meine Frau und ich waren unlängst auf Schiurlaub!"

„Na und?"

„Gleich am ersten Tag machen wir eine Abfahrt, wo uns jeder gefragt hat, ob wir eigentlich deppert sind, dass wir bei so einem Wetter fahren. Saukalt war's, der Wind ist gegangen, und plötzlich flieg ich im hohen Bogen über eine Bodenwelle. Ich bin gestürzt wie der Hermann Maier bei der Olympiade in Nagano!"

„Aber das war doch kein Glück?"

„Na warte, das Tolle kommt ja noch! Ich kann nicht aufstehen, wir müssen die Bergrettung verständigen, die bringen mich mit dem Hubschrauber hinunter ins Spital, Kreuzbandriss, Operation, Rehab, Verdienstentgang …"

„Bitte, das ist ja schrecklich!"

„Eben nicht! Hör zu! Zwei Tage vor dem Schiurlaub haben wir

eine Unfallversicherung abgeschlossen. Total günstig, nur sechs Euro fünfzig im Monat. Und stell dir vor: Die zahlen alles! Mein ganzer Unfall kommt uns auf sechs Euro fünfzig! Eine Mezzie! Das packst du nicht!"

„Gratuliere!", sagte ich und spürte einen unbegreiflichen Anflug von Neid.

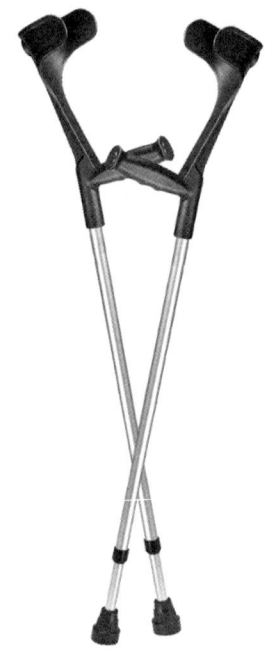

Was lernt man aus dem eben geschilderten Fall? Man muss überall die positiven Aspekte sehen und sollte nicht den Humor verlieren. Damit das leichter fällt, hab ich hier ein kleines G'stanzl anzubieten, unter dem Titel …

ES FALLT MA GRAD NUR SO EIN! *(Lied)*

„Es is", sagt der Doktor, „so traurig des klingt,
der Schmerz da im linken Fuß altersbedingt!"
Drauf sagt der Patient: „Hören S', des is doch a Schmäh!
Mei rechter is gleich alt und tut ma net weh!"

„Ihr Auto", sagt der Polizist, „bitte sehr,
is schwer überladen. Den Führerschein her!"
Der Fahrer mant drauf mit an ratlosen G'sicht:
„Des bringt doch nix, hör'n S' der Schein hat doch ka G'wicht!"

Im Hochhaus, da schleppen zwa Männer a Klavier,
sagt einer zum andern: „I sag dir's i g'spia,
wir san über'n fünften Stock jetzt scho hinaus,
nur leider, wie's ausschaut, da im falschen Haus!"

„Beim Stephansplatz steig i heut in die U4,
unglaublich, da sitzt doch der Mozart neb'n mir!"
Drauf antwort' die Freundin: „Ich glaub dir kein Wort,
weil die U4 gar net zum Stephansplatz fahrt!"

Die Tante sagt: „Hab ich dir das schon erzählt,
ich erblickte vor vierzig Jahr'n das Licht der Welt."
Drauf sagt ganz respektlos das Enkelkind:
„Na sowas, da warst vorher zwanzig Jahr blind?"

Das mag jetzt vielleicht all's net so wichtig sein,
es fallt ma halt grad nur so ein!

„Susi, kummst du nachher no mit zu mir?"
„Mein Name ist Gerda, jetzt merke es dir!"
„Waßt was, dann is besser, wennst mich glei vergisst,
weil des hat kan Zweck, wenn du so kleinlich bist!"

Frau Meier sagt: „Ich bin von gestern noch hin,
weil ich bei Figaros Hochzeit gewesen bin!"
Da sagt ihre Freundin: "Ich war so im Stress,
dass ich ihm nur g'schickt hab, schnell a SMS!"

Der Prüfer beim Führerschein sagt: „Keine Sorg!
Die Frag'n, die ich stell, san ja gar net so arg!"
Drauf antwort der Prüfling: „Die Frag'n vielleicht net,
nur des was i dann darauf antworten tät!"

Die Leonie kommt von der Schule und schreit:
„Das ist eine Ungerechtigkeit!
Der Lehrer sagt, das war ein Fünfer ganz klar,
obwohl er zugibt, dass die Schmierage nicht z'lesen war!"

Zwei Zahnstocher wandern seit Stunden im Wald,
da werd'n s' von an Igel plötzlich überholt!
Da sagt a Zahnstocher: „Des is doch a Schmarrn!
Wenn i g'wusst hätt, dass da a Bus geht, na dann war i g'fahrn!"

Kein Witz, sondern angeblich wirklich passiert ist die Geschichte von der Kranzschleife mit der Aufschrift *Letzte Grüße von Konrad, Anton, Richard und Ludwig.* Der Besteller hatte der Kranzschleifendruckerei telefonisch den Namen *Karl* buchstabiert. Ein ähnliches Missverständnis ist das mit …

ANTON, BERTA UND CAESAR

Vor der Bank stand ein Mann und telefonierte:

„Hallo Berta! Hier ist Anton! Caesar ist unterwegs! Komm schnell mit dem großen Wagen zum Haupteingang der Bank!"

Anton hatte kaum zu Ende gesprochen, da spürte er auf seiner Schulter eine Hand. Sie gehörte einem grimmigen Polizisten.

„Na, was haben wir denn vor?", fragte er.

„Wer? Ich? Gar nichts! Das heißt, ich suche gerade nach Caesar!"

„Aha!", sagte der Polizist, ohne die Hand von Antons Schulter zu nehmen. „Und wo ist ihr Caesar gerade, wenn ich fragen darf?"

„Da irgendwo im Gebüsch!"

„Ich sehe aber nichts!"

„Das ist ja das Problem! Entschuldigen Sie, aber ich bin gerade sehr beschäftigt!"

Anton steckte zwei Finger in den Mund und ließ einen lauten Pfiff ertönen. Der Polizist wurde daraufhin noch etwas grimmiger.

„Wem haben Sie da gerade gepfiffen?"

„Na, dem Caesar! Und jetzt lassen Sie mich bitte los!"

„Moment! Erst will ich wissen, warum sie Berta mit dem Auto zur Bank gerufen haben!"

„Sie muss mir helfen, weil ich es allein nicht schaffe!"

„Und Caesar sollte wahrscheinlich aufpassen, damit Sie nicht gestört werden!"

„Im Gegenteil, ich hätte besser auf Caesar aufpassen sollen! Aber manchmal ist er sehr eigenwillig. Unlängst hat er die halbe Speisekammer ausgeräumt!"

„Und diesmal wäre die Bank dran gewesen ...!"

„Cäsar ist eben sehr unternehmungslustig!"

Während Anton das sagte, holte er nochmals sein Handy hervor und wählte.

„Hallo Berta, mach schnell! Die Polizei ist auch schon da!"

„Hören Sie! Jetzt reicht's aber! Glauben Sie, ich wüsste nicht, was hier vorgeht? Erst bereiten Sie mit ihren Komplizen einen Banküberfall vor, und jetzt, weil ich das aufgedeckt habe, blasen Sie die Aktion wieder ab. Sie kommen mit auf die Wachstube und erzählen mir, wer sich hinter Anton, Berta und Caesar wirklich verbirgt!"

Anton hörte gar nicht zu, denn sein Schäferhund Caesar kam herangelaufen und sprang dem Polizisten freudig die Uniform hoch. Er brachte sie noch am selben Tag in die Putzerei.

Bankräubereien sind ja gar nicht mehr notwendig. Wer heute in Europa für ein größeres Projekt Geld ausgibt, der bekommt bestimmt irgendeine …

EU-FÖRDERUNG

Der Gschwandtner Lois hat einen neuen Heustadel gebaut, und jetzt überlegt er, ob da nicht vielleicht von der EU eine Unterstützung zu kriegen wäre. Sonst ist der Lois ein erklärter Gegner der Europäischen Union, aber wenn's um's eigene Geld geht, kann man ja in Gottes Namen eine Ausnahme machen.

Also setzt sich der Lois hin und schreibt: ,Sehr geehrte EU, ich bin ein Landwirt, der immer schon was für die europäische Kulturlandschaft übrig gehabt hat. Deshalb hab ich jetzt einen schönen Heustadel errichtet und ersuche um einen Zuschuss zu die Baukosten. Rechnungen kann ich leider keine vorlegen, weil wir den Stadel mit der regionstypischen europäischen Nachbarschaftshilfe gebaut haben. Aber es hat natürlich trotzdem viel Geld gekostet, von dem aber das Finanzamt nichts wissen sollte. In Erwartung Ihrer positiven Antwort verbleibe ich Ihr EU-Bauer Alois Gschwandtner'.

Einige Wochen vergehen – keine Antwort aus Brüssel. Weil er sich inzwischen ein bisserl informiert hat, schreibt der Lois einen weiteren Brief:

,Sehr geehrte EU, Sie werden sich mit meinem Fall ja inzwischen schon beschäftigt haben, aber bevor ihr Parlament darüber abstimmt, muss ich Ihnen noch schnell ein paar Sachen mitteilen. Mein Stadel liegt in 500 Meter Seehöhe, und deswegen bin ich ein Bergbauer. Außerdem steht er neben dem Zaun zum Grametsberger seinem Obstgarten und fällt deshalb sicher in die Regelung vom wirtschaftlich benachteiligten Grenzgebiet. Er leistet auch einen bedeutenden Beitrag zur Artenvervielfältigung der europäischen Tierwelt, weil er viele Spinnen und andere Mistviecher beherbergt. Zum Schluss möchte ich noch erwähnen, dass der Stadel für unseren Fremdenverkehr im Ort praktisch lebensnotwenig ist, weil auf einer Wand ein Wegweiser angebracht ist und sich die Wanderer ohne diese Markierung hoffnungslos verfranzen würden. Die Höhe Ihrer finanziellen Unterstützung bleibt natürlich Ihnen überlassen, aber je mehr, desto besser! PS.: Wir haben neben der Stadeltür auch einen Paradeiser gepflanzt, sodass außerdem die Kulturpflanzenförderung in Frage kommen tätert'.

Und was schreibt ihm die EU zurück?

‚Sehr geehrter Herr Gschwandtner, wir fragen höflichst an, ob wir Ihr sehr amüsantes Ansuchen für unsere demnächst erscheinende Dokumentation *Leider nein – Förderungsanträge mit Sinn für Humor* veröffentlichen dürfen. Im Falle Ihrer Zusage überweisen wir Ihnen dafür gerne ein Honorar von Euro 20.-'

Immerhin – dass er gar nichts bekommen hat, kann der Lois jetzt auch nicht sagen.

Ein Mann geht ins Gasthaus und konsumiert dort sein Mittagessen. Anschließend ruft er dem Ober …

BITTE ZAHLEN!

„Zahlen, bitte sehr … Sie waren, glaub ich, der gefüllte Kalbskopf?"

„Nein, das Schweinsschnitzel!"

„Wie haben Sie's gefunden?"

„Ganz zufällig unter einem Salatblatt!"

„Und war's in Ordnung?"

„Es war sehr klein und zäh!"

„Wenn es so zäh war, sollten Sie ja froh sein, dass es klein gewesen ist!"

„Dieses Schnitzel hätte man als Schuhsohle verwenden können, ich kenn mich da aus!"

„Sind Sie Fleischhauer?"

„Nein, Schuhmacher! Übrigens ist in der Suppe ein kleiner Wurm geschwommen!"

„Tut mir leid, der ist normalerweise im Salat!"

„Wie ist er dann in die Suppe gekommen?"

„Die Fliegen waren aus!"

„Außerdem war die Semmel von gestern, ich hätte gerne eine von heute gehabt!"

„Wenn sie eine heutige haben wollen, müssen Sie morgen wieder kommen! Übrigens haben Sie Ihren Kaffee verschüttet!"

„Dafür kann ich nichts! Der Kaffee war so schwach, dass er ganz von alleine umgefallen ist. Außerdem war er kalt!"

„Das ist gut, dass Sie mir das sagen, der Eiskaffee kostet nämlich um drei Euro mehr!"

„Herr Ober, eine ganz persönliche Frage: Trinken Sie gelegentlich?"

„Nein?"

„Gut, dann muss ich Ihnen ja auch kein Trinkgeld geben!"

Im Gasthaus ist die zwischenmenschliche Kommunikation ja nicht schwer. Aber auch sonst bereitet es zumindest theoretisch keine Schwierigkeiten, mit anderen Menschen in Kontakt zu treten. Denn …

DIE WELT IST KLEIN

Unlängst hab ich es wieder einmal erlebt. Ich sitze bei einer Veranstaltung neben einer mir völlig unbekannten Person und komme nachher mit ihr ins Gespräch. Bald stellt sich heraus, dass sie mit meiner Frau in die Schule gegangen ist, sich unsere Kinder aus der Sandkiste kennen und unsere Großmütter eigentlich Cousinen waren.

In so einem Fall sagt man dann: Die Welt ist klein, und man hat völlig recht damit. Die Wahrscheinlichkeit, dass man auf einen Menschen trifft, mit dem man auf irgendeine Weise ohnehin schon in irgendeiner Beziehung steht, ist äußerst hoch. Und diese verzweigten sozialen Verbindungen sollte man sich eigentlich viel besser zunutze machen.

Es gibt da die Theorie, dass man über maximal drei Zwischenpersonen jeden beliebigen Prominenten dieser Erde erreichen kann. Da kennt man zum Beispiel einen, der viele Menschen kennt, unter anderen eben auch einen, der mit jemandem befreundet ist, der dem US-Präsidenten nahe steht, dem Papst oder der englischen Königin.

Ich hab es bisher noch nicht ausprobiert, aber ich werde den dreien demnächst über unsere Bekanntschaftskette meine ganz persönlichen Geburtstagswünsche ausrichten, und dann schauen wir einmal, ob sie sich in irgendeiner Fernsehansprache bei mir bedanken.

Kontakt zu finden ist für die zwei jungen Menschen in der folgenden Szene jedenfalls kein Problem. Sie stammen aus dem Osten Österreichs und lieben daher die herzige und unverbindliche Verkleinerungsform, das -*erl* am Wortende. Es sind ...

VICKERL UND HANNERL

Der Vickerl saß in einem kleinen Tschecherl und hatte gerade ein Schnitzerl mit einem Krügerl konsumiert. Er freute sich schon auf ein gepflegtes Mittagsschlaferl, als er plötzlich an einem Tischerl im Eckerl die Hannerl erblickte, mit der er vor Jahren ein Pantscherl gehabt hatte.

Sie hatte ein Kleiderl mit roten Mascherln an und machte gerade ein Schluckerl von irgendeinem Safterl. Ihr G'sichterl mit dem Zuckergoscherl und den Lockerln gefiel ihm immer noch, und er überlegte, ob er sich nicht ein Momenterl zu ihr setzen könnte. Er stand auf, zog sein Baucherl ein und hatte plötzlich gar keine Lust mehr auf ein Mittagsschlaferl, jedenfalls nicht alleine.

„Hallo Mäderl, hast noch ein Platzerl auf ein Sekunderl?", sagte er, und sie sah ihn mit ihren dunklen Guckerln an.

„Servas Vickerl, i hab leider ka Zeit für a Plauscherl!"

„Machst grad a Pauserl? Ich lad di auf a Achterl ein!"

„I sag dir's glei, i wart auf'n Wolferl!"

„Der Wolferl is doch der mit die Wimmerln?"

„Er is aber wenigstens net so a Depperl wie du!"

„I werd a Laberl! Die Hannerl und der Kasperl ..."

„Na und? Du hast ja a des Pupperl mit'm großen Popscherl!"

„Mit'm Mitzerl is längst vorbei, i bin momentan des reinste Lamperl!"

„Dann schau nur, dass' so bleibt! Weil da kommt schon der Wolferl, und der is a Häferl!"

„Na guat, wennst ma du des Gurkerl gibst, dann schmeiß i für heute des Hangerl. Aber des Achterl hast no guat!"

Vickerl und Hannerl haben – so viel ich weiß – noch keine Kinder. Daher wissen sie auch noch nicht, was für Erlebnis das immer wieder ist, so …

EIN ABEND MIT KINDERN

Mindestens zehn Mal hat Gaby Tichatschek ihren kleinen Sohn schon zugedeckt und mit einem Gute-Nacht-Kuss verabschiedet, aber kaum ist sie aus dem Kinderzimmer draußen, schreit er schon: „Mama, ich will dies, und Mama, ich will das!"

Endlich wird es der Mutter zu viel, und sie brüllt: „Wenn du jetzt noch einmal Mama schreist, kannst du was erleben!"

Daraufhin ist es einige Minuten ruhig, bis der Bub plötzlich ruft: „Frau Tichatschek, ich will noch was trinken!"

Na gut, sie bringt einen Himbeersaft, setzt sich neben das Bett des Kleinen und liest ihm noch eine Geschichte vor. Der Bub hört eine Weile zu, dann flüstert er: „Kannst du bitte ein bisserl leiser lesen, ich hab morgen einen anstrengenden Kindergartentag und muss jetzt schlafen, damit ich fit bin!"

In der Wohnung nebenan beklagt sich die zwölfjährige Lisa währenddessen darüber, dass sie am nächsten Tag in der Schule zwei Stunden Englisch hat. Da kommt sie dem Vater aber gerade recht. Der meint nämlich: „Was sollen denn erst die Kinder in England sagen, die haben den ganzen Tag Englisch! Und jetzt iss endlich dein Käsebrot!"

„Ich mag aber keinen Käse mit Löchern!"

„Dann lass die Löcher meinetwegen über und iss halt nur den Käs!"

Wirklich überfordert sind an diesem Abend die Eltern der Zwillinge Max und Moritz. Als sie von der Mutter zu Bett gebracht

178

werden, können die beiden gar nicht aufhören zu lachen. „Weißt du was?", kichert Max. „Du hast Moritz heute zwei Mal gebadet und mich gar nicht!"

Sarah ist für solche Kindereien schon zu groß. Sie hat gerade erst ihre Aufgabe fertiggeschrieben, einen Aufsatz für Geschichte über das Zeitalter der Aufklärung. In ihrem Heft steht jetzt folgender Satz: Im Zeitalter der Aufklärung lernten die Menschen endlich, dass die Kinder nicht der Storch bringt, sondern wie man sie selber machen kann.

Meine Frau und ich sind über solche Kinderabende (einstweilen) bereits hinaus, weil unsere Mädchen schon groß sind. Daher können wir es uns auch leisten, ganz spontan mit Freunden zum Heurigen zu gehen. Und dort erlebte ich unlängst einen …

BLICK IN DIE ZUKUNFT

Im Laufe des Abends nahm mein Freund plötzlich sein I-Pad zur Hand und machte ein paar Fotos von mir und meiner Frau.

„Ich hab da jetzt ein lustiges Programm!", sagte er, tippte ein paar Mal an der Oberfläche seines kleinen, flachen Computers herum und zeigte uns schließlich schmunzelnd das Ergebnis.

Es war zum Totlachen. Der Computer hatte aus den Aufnahmen zwei Portraits gemacht, auf denen wir als tattrige Greise zu sehen waren.

„Du schaust ja aus wie die selige Tante Rosa!", sagte ich nach Luft schnappend, und meine Frau kicherte. „Und du erinnerst mich an den Onkel Sepp bei seinem 90. Geburtstag!"

Der Gag war gelungen, ich bat meinen Freund, mir die Fotos zu mailen, und dann gingen wir gut gelaunt auseinander.

Am nächsten Morgen beobachtete ich meine Frau, wie sie nach dem Zähneputzen auffallend lange in den Spiegel starrte.

„Findest du, dass ich auf dem Foto gestern Abend wirklich der Tante Rosa ähnlich geschaut habe?"

„Nein!", sagte ich. „Überhaupt nicht! Also vielleicht ein kleines bisschen …" Aber mir ist heute nach dem Duschen aufgefallen, dass ich offensichtlich zu einem ganz ähnlich mümmelnden Unterkiefer neige, wie dieser Onkel Sepp.

Ein paar Stunden später entdeckte ich meine Frau, wie sie sich am Computer gerade die Mails anschaute, unter denen sich auch die zwei Fotos von gestern befanden.

„Ich muss aufpassen, dass ich nicht diese tiefliegenden Augen bekomme, wie sie Tante Rosa gehabt hat!", sagte sie leise vor sich hin.

„Aber was willst du dagegen machen?", antwortete ich und zeigte ihr unser Familienalbum, in dem ich inzwischen ein Foto gefunden hatte, auf dem Onkel Sepp etwa so alt gewesen war wie ich jetzt.

„Schau her, da ist doch eine frappante Ähnlichkeit. Was sagt uns das?"

„Dass dieses Bildbearbeitungsprogramm gar nicht so schlecht ist!"

Die Sache ließ uns nicht mehr los. Wir druckten die Fotos aus und klebten sie auf unseren Badezimmerspiegel. Das hat nämlich einen interessanten Effekt. Jeden Tag, wenn wir in der Früh in diesen Spiegel schauen, erleben wir unsere aktuellen Gesichter als entzückende Jugendbildnisse. Und bis wir wirklich einmal so aussehen wie auf den Fotos, haben wir uns bestimmt schon dran gewöhnt.

Wenn ein Paar schon lange beieinander ist, dann werden die gegenseitigen Liebeserklärungen ziemlich selten. Und schließlich kommt es oft soweit, dass sie ihn fragen muss: …

LIEBST DU MICH NOCH? *(Lied)*

„Liebling, ach Liebling, sag liebst du mich noch?"
„Was meinst du, mein Gott, das weißt du doch!"
„Du hast mir aber lang nichts mehr geschenkt!"
„Hauptsache ist doch, dass man an dich denkt!"
„Hie und da Blumen, das täte mir gut!"
„Die sind doch am nächsten Tag schon kaputt!"
„Früher, da warst du ganz anders zu mir!"
„Liebling, hab'n wir noch ein Bier?"

„Du hörst nie, was ich sage,
wenn ich dich etwas frage!"
„Ich hab dir sogar aufg'schrieb'n,
dass wir noch ein Bier und ein Mineralwasser brauchen!"

„Liebling, ach Liebling, ich denk manchmal dran,
wie das einmal mit uns beiden begann!"
„Das ist jetzt wirklich so lange schon her,
ich weiß das heut gar nicht mehr!"

„Du warst damals so schneidig!"
„Und du warst so geschmeidig!"
„Heut bist du nur noch fad!"
„Und du bist – a bisserl auseinander gangen …"

„Trotzdem frag ich dich, sag, liebst du mich noch?"
„Ich wiederhole, das weißt du doch!"
„Sonst fällt dir wirklich rein gar nichts mehr ein?"
„Was meinst du, was sollte das denn jetzt sein?"
„Irgendwas Zärtliches halt, was mich freut!"
„Was krieg'n wir eig'ntlich zum Essen heut?"
„Ich geb's auf, schau, was ich hab für dich!"
„Ein Bier! Schatz, ich liebe dich!"
„Na also, warum net glei?"

Elektronische Geräte haben heutzutage meist eine recht einheitliche Logik der Bedienung. Da diese von jungen Menschen erdacht wurde, kann sie auch von Jugendlichen besser durchschaut werden. Für Kinder ist daher tatsächlich alles …

KINDERLEICHT

Das Internetradio war ein wirklich schönes Geburtstagsgeschenk. Kinderleicht zu bedienen, stand außen auf dem Karton, und ich konnte es kaum erwarten, das Ding in Betrieb zu nehmen. Noch während die Geburtstagsgäste, die das Radio mitgebracht hatten, bei der Jause saßen, stand ich unauffällig auf und schaltete das Ding im Nebenzimmer ein. Die würden jetzt aber staunen, wenn plötzlich der Verkehrsfunk aus Neu Delhi zu hören wäre.

Jedoch – das Radio verlangte einen Code. Natürlich – die geheime Zahlenkombination des Internetrouters, und die war wo? Ich durchsuchte mein Arbeitszimmer, und fand schließlich eine Installations-CD, von der ich mir weitere Informationen erhoffte. Währenddessen fragte sich meine Frau bereits, wo ich hingekommen wäre und rief nach mir.

„Komme gleich!", versuchte ich sie zu beruhigen, fuhr meinen Computer hoch und stellte fest, dass die Maus nicht reagierte. Wahrscheinlich hat die Putzfrau wieder ein Kabel abgezogen, dachte ich und kroch unter den Schreibtisch.

Während ich dort an verschiedenen elektrischen Leitungen zog, spürte ich plötzlich etwas tropfen. Durch meine Kabelmanipulationen war oben auf der Schreibtischplatte eine Blumenvase umgefallen und hatte ihren Inhalt über die PC-Tastatur ergossen. Die hatte ich mir gerade erst gekauft, also steckte ich sie schnell ab und lief damit ins Badezimmer.

Irgendwen hörte ich schon wieder meinen Namen rufen, aber jetzt hatte ich keine Zeit. Vorsichtig schraubte ich die Tastatur auf und tupfte das Innenleben der Tastatur ab, doch als ich zum Trocknen auch noch den Föhn einsetzen wollte, scheiterte ich an einem defekten Stecker.

So verließ ich flugs die Wohnung, um einen neuen zu kaufen, setzte mich ins Auto und fuhr geradewegs in die nächste Radarfalle.

„Ich habe zu Hause Gäste!", rief ich den Polizisten zu und wurde natürlich sofort gefragt, wieviel ich da getrunken hätte, insbesondere deshalb, weil ich noch immer den Föhn um den Hals hängen hatte.

Kurz und gut, die ganze Geschichte dauerte etwas länger, und als ich ohne den neuen Stecker wieder nach Hause kam, waren die Gäste fort. Meine Frau saß schweigend vor dem Fernseher, und meine Tochter spielte mit dem tadellos funktionierenden Internetradio, das ja bekanntlich kinderleicht zu bedienen ist.

Wenn ich mich an meine eigene Kindheit erinnere, so stelle ich fest, dass ich immer schon ein persönliches Lieblingswort gehabt habe. Es ist für mich auch heute noch …

DAS SCHÖNSTE WORT

Sie können es vielleicht nicht gleich nachvollziehen, es lautet: *entfallen*. Ich weiß schon, es kann einem auch ein Ding aus der Hand *fallen*, ein Name *entfallen*, oder es *entfällt* auf jedes Mitglied eines Vereins eine Gebühr. All das meine ich nicht. Ich spreche von *entfallen* im Sinne von *nicht stattfinden*. Es gibt kaum ein Wort, das mir eine so tiefgreifende Entspannung beschert. Bei der Mitteilung, dass irgendetwas *entfällt*, klatscht mein vegetatives Nervensystem in die Hände und überschüttet meinen Körper mit Endorphinen.

Erinnerungen werden wach an die wunderbaren Augenblicke, wenn mir meine Klavierlehrerin mitteilte, dass am nächsten Mittwoch der Unterricht *entfallen* müsse. Oder an das Gejohle der Klasse, wenn der Schulwart das *Entfallen* der letzten zwei Stunden verlautbarte. Schularbeiten und Prüfungen konnten *entfallen*, ob ersatzlos oder nicht, das spielte für den Moment keine Rolle.

Selbst dann, wenn heute ein Termin *entfällt*, auf den ich eigentlich schon gewartet habe, ist die Tatsache des *Entfallens* allein durch dieses köstliche Wort nur mehr halb so schlimm. Und wenn bei einer Sitzung bestimmte Tagesordnungspunkte *entfallen* oder vielleicht sogar der ganze Termin *entfällt*, muss ich mich sehr beherrschen, dass mir nicht vor lauter Freude die Gesichtszüge entgleisen.

So, jetzt habe ich Ihnen das auch erzählt. Und wenn Sie nun auf irgendeine Pointe warten, die muss leider *entfalle*n. Juchu!!!

186

Im Geschäftsleben ist es manchmal gar nicht gut, wenn etwas entfällt, daher gibt es für den Fall des Falles, dass Mitarbeiter ausfallen, geregelte …

VERTRETUNGEN

Unlängst hätte ich ganz dringend den Dr. Bauer gebraucht. Ich hab ihm ein Mail geschickt und eine Abwesenheitsnotiz zurückbekommen: In dringenden Fällen sollte ich mich mit dem Mag. Gruber in Verbindung setzen. Das hab ich gleich gemacht und in seiner automatischen Antwort gelesen, dass diese Woche der DI Huber zuständig wäre. Ich hab daraufhin in seinem Büro angerufen, aber dort sagte man mir, er wäre noch nicht da. Als ich es nach einer Stunde noch einmal versuchte, war er schon wieder weg. Am nächsten Tag ist er angeblich den ganzen Tag in einer Sitzung gewesen, aber seine Mitarbeiterin sagte mir, dass heute Dr. Winkler die Vertretung machen würde. Dr. Winklers Mail-Box hatte daraufhin eine interessante Nachricht für mich. Dort hörte ich nämlich, dass man sich mit allen Fragen vertrauensvoll an DI Meissner wenden könne, also an mich selbst.

Was soll ich Ihnen sagen, ich habe es wirklich mehrmals versucht, aber ich habe mich bis heute nicht erreicht!

Kugelschreiber sind an Bildschirmarbeitsplätzen leider schon Mangelware. Umso eher ist man versucht, bei günstiger Gelegenheit einen Kuli einzustecken, doch dann geht es meistens nach dem Sprichwort:

WIE GEWONNEN, SO ZERRONNEN

Es begann damit, dass ich morgens im Büro vor einer praktisch leeren Schreibtischlade saß. Büroklammern fanden sich darin, ein stumpfer Bleistift und die Brösel eines Blätterteigkipferls – nur kein Kugelschreiber. Ich musste mir also einen ausborgen, und da mein Schreibtischnachbar gerade nicht anwesend war, geschah dies, ohne ihn zu fragen.

Nun hatte ich das nötige Startkapital, um den Tag zu beginnen, und ich nützte es, indem ich am Schreibtisch einer Kollegin meinen Kugelschreiber kurz ablegte, vorgab, ihn gegen einen anderen tauschen zu wollen und alle beide wieder an mich nahm.

Wenige Minuten später steckte ich im Besprechungszimmer einen herrenlosen Vierfarbenkugelschreiber ein, den ich nicht einfach dort liegen lassen konnte, weil Kugelschreiber ja bekanntlich gerne gestohlen werden.

Gegen Mittag brachte mir eine Mitarbeiterin einige Schriftstücke zum Unterschreiben. Ich lieh mir dazu ihren besonders schönen Stift ...

In den frühen Nachmittagsstunden konnte ich bereits eine erfreuliche Bilanz ziehen. Zehn Kugelschreiber zählte ich in meinen Taschen, sieben blaue, zwei schwarze und den bereits erwähnten Vierfarbenstift.

Allerdings begann ich von nun an etwas nachlässig zu werden. Wahrscheinlich war es der aufkommenden Müdigkeit zuzuschreiben, dass ich im Besprechungszimmer einen und beim Kopierer gleich zwei meiner Kugelschreiber aus den Augen verlor. Unklar ist mir das Verschwinden des Vierfärbigen, einige weitere Kulis dürften sich durch ein Loch in meiner Hosentasche empfohlen haben.

Als ich am Abend die Schreibtischlade schloss, befanden sich darin jedenfalls nur mehr die Büroklammern, ein stumpfer Bleistift und die Brösel eines Blätterteigkipferls.

Ich sehe gerade, dass dieses Buch dem Ende zugeht, aber da gibt es noch eine kleine Anekdote, die ich Ihnen unbedingt erzählen möchte. Es geht dabei um fatale …

NAMENSPROBLEME

„Grüß Sie, Wokacek mein Name, aus'm dritten Stock. Ham Sie sich schon eingelebt in unserem Gemeindebau?"

„Alles in Ordnung. Nur schlafen tu ich da leider ziemlich schlecht!"

„San die Nachbarn so laut?"

„Nein, aber bei mir geht die halbe Nacht die Türglocken!"

„Wieso denn des?"

„Weil die Leut, wenn's unten vor'm Haustor stehn, grundsätzlich erst einmal auf mein Klingelknopf drucken! … I hab mi no net vorg'stellt: Mein Name ist Licht!"

„Angenehm! Also in dem Fall wahrscheinlich net!"

„Am Anfang hab i immer über die Gegensprechanlag g'rufen: ‚Da is ka Licht!'. Worauf die Leut meistens frech worden san. So in der Art: Reden kannst und leuchten net?"

„Sie sollten halt mit der Frau Kein aus'm ersten Stock a Wohngemeinschaft bilden, da könnten S' dann ‚Kein Licht' ans Glockenschilderl schreiben!"

„Des geht net! I heirat demnächst, und mei zukünftige Frau heißt Schalter. Sie besteht auf an Doppelnamen, und i glaub net, dass sich des Problem dadurch lösen wird!"

Gut, ich werde mich nicht lange um eine Zugabe bitten lassen. Hier ist die kleine Geschichte vom verhängnisvollen …

TAGEBUCH

Unlängst hat Lukas heimlich im Tagebuch seiner Freundin Leonie geblättert, und was musste er dort lesen? ‚Ich bin mir sicher, dass Lukas heimlich mein Tagebuch liest'. Er war sehr aufgebracht, weil zu einer guten Beziehung doch Vertrauen gehöre, und ihm so etwas zu unterstellen, wäre wirklich ein starkes Stück. Lukas wollte sie verlassen.

Das alles erzählte er mir am Telefon, aber ich tröstete ihn.

„Das ist doch ein gutes Zeichen, wenn sie dich inzwischen so gut kennt, dass sie dir das zutraut!"

„Aber warum schreibt sie das dann hinein, wenn sie weiß, dass ich es lese?"

„Weil sie will, dass du weißt, dass sie es weiß und trotzdem bei dir bleibt!"

„Es ist also ein Liebesbeweis?"

„Hundertprozentig!"

Am nächsten Tag zog Leonie aus, denn sie hatte unser Gespräch zufällig mitgehört. Frauen sind und bleiben ein Rätsel!

DIESE GESCHICHTE WIRD SIE BESONDERS ERHEITERN, WENN SIE …

OFT ÜBER DIE GESUNDHEIT REDEN:

TECHNISCH INTERESSIERT SIND:

MANCHMAL NACHDENKLICH WERDEN:

VIEL UNTERWEGS SIND:

STAUNEN, WAS SO ALLES PASSIERT:

WIRTSCHAFTLICH-POLITISCH DENKEN:

AUCH DAS UNGLAUBLICH FINDEN:

AN MEINEN PROBLEMEN ANTEIL NEHMEN:

KENNEN SIE AUCH MEINE ANDEREN BÜCHER?

Auch als Hörbuch erhältlich:
ISBN: 978-3-902447-27-2

Peter Meissner

Auch Engel lachen gerne!

64 heitere Weihnachtsgeschichten zum Vor- und Selberlesen

ISBN: 978-3-902447-17-3

Erhältlich im Buchhandel oder direkt beim Kral-Verlag (www.kral-verlag.at)

So alt kann man gar nicht sein, dass einen der erste Schnee des Winters nicht tief in der Seele berühren würde. Da steht man dann und beobachtet still und andächtig …

DIE SCHNEEFLOCKE

Die Flocke fällt vom Himmelsgrau
und tänzelt über'm See genau.
Wer dort hineinfällt ist verlor'n,
der See ist noch nicht zugefror'n!
Doch treibt der Wind sie gegen West,
was sie sich gern gefallen läßt,
denn nun schwebt unsre Flocke grad
dem Kirchturm zu in dieser Stadt!
Vorbei, sie wirbelt niedrig schon
über dem Parkhaus aus Beton;
so hat sie sich's nicht vorgestellt,
dass sie hier auf die Straße fällt!
Doch knapp über dem Matsch und Dreck
bläst sie der Wind jetzt nochmals weg;
sie steigt erneut ganz in die Höh'
und landet schließlich, wie ich seh
dem alten Schulrat seiner Frau
so auf der Nase ganz genau!
Die Flocke schmilzt und ist dahin,
und doch hatte ihr Leben Sinn:
sie hat Frau Schulrat still und sacht
ganz kurz zum Lächeln heut gebracht!

Peter Meissner

*Auch Engel
lachen gerne
weiter!*

Neue heitere **Weihnachtsgeschichten** zum Vor- und Selberlesen

ISBN: 978-3-902447-66-1

**Erhältlich im Buchhandel oder direkt beim
Kral-Verlag (www.kral-verlag.at)**

Es muss ja nicht immer alles hochintelligent sein, was man so den ganzen Tag daherredet. Manchmal schwelgt man einfach gerne in alten …

KINDHEITSERINNERUNGEN

„Ich hab grad in den Kalender geschaut. Die nächsten Weihnachten fallen auf einen Freitag!"

„Na, hoffentlich nicht auf einen Dreizehnten!"

„Am Dreizehnten ist Ostern!"

„Im Dezember?"

„Im April!"

„Na, dann hab'n wir ja noch Zeit!"

„Mein Gott, Weihnachten … als Kind bin ich da immer gern im Wohnzimmer beim offenen Feuer gesessen!"

„Ich auch, aber meine Eltern haben's mir dann verboten!"

„Wieso?"

„Weil im Wohnzimmer kein Kamin war!"

„Dann hätt ich's dir auch verboten. Sind deine Wünsche ans Christkind eigentlich immer in Erfüllung gegangen?"

„Nicht immer. Einmal hat mir eine Tante versprochen, dass ich mir von ihr ein schönes Buch wünschen darf!"

„Und was hast du dir gewünscht?"

„Ein Sparbuch mit tausend Schilling, aber sie hat mir stattdessen nur ein Malbuch geschenkt."

ISBN: 978-3-902447-22-7

**Erhältlich im Buchhandel oder direkt beim
Kral-Verlag (www.kral-verlag.at)**

Gewiss, Vergesslichkeit hat auch ihre guten Seiten. Aber es ist doch hin und wieder unangenehm, wenn man auf der Straße einen Bekannten trifft und keine Ahnung mehr hat, wie dieser Typ eigentlich heißt. Glücklicherweise gibt es ein Wort, das in solchen Situationen sehr hilfreich ist:

DER DINGS

„So, und jetzt geben S' mir noch a Sackerl Chips!", sagte Herr Wurzinger zu Frau Schagerl, der Gemischtwarenhändlerin.

„Brauch ma wieder was zum Knabbern für's Fernsehen?"

„Gestern sind's ma ausgangen, die Chips, bei der Sendung mit dem Dings …!"

„Mit wem?"

„Mit dem Dings, der so ausschaut, wie der eine Tennisspieler …"

„Ich weiß immer noch nicht, wen Sie meinen!"

„Na, den, der unlängst des Match g'wonnen hat! In … Waswaßi … gegen den … na, helfen S' mir!"

„Hat der net so a Nasen?"

„Na! Eher solche Haar! Und a Freundin hat er, a hübsche, glaub i …"

„Is von der net unlängst was in der Zeitung g'standen? In dem an Blatt'l, was ma grad net einfallt!"

„Jedenfalls macht sie immer diese Werbung für des Katzenfutter, des Dings …!"

„War des net a Versicherung?"

„Möglich! Ich brauch sowas net …"

Peter Meissner

DAUERND IS IRGENDWAS

99 vergnügliche
Geschichten
über die (kleinen)
Katastrophen
des Alltags

ISBN: 978-3-990240-48-9

**Erhältlich im Buchhandel oder direkt beim
Kral-Verlag (www.kral-verlag.at)**

Nehmen wir an, Sie fragen in einer fremden Stadt nach dem Weg. Dann werden Ihnen unterschiedliche Personen auch ganz verschiedene Antworten geben. Die Frage lautet:

WO GEHT'S DENN HIER ZUM BAHNHOF?

Der Ortsunkundige wird sagen: „Ah so, da gibt's an Bahnhof?"

Der Einheimische: „Bei der Ampel links, und dann fragen S' no amal!"

Der Polizist: „Weitergehn!"

Der Raucher: „Die Bahnhofstrafik hat scho zu!"

Der Choleriker: „Die verdammten Fahrkahrten san scho wieder teurer word'n!"

Der Depressive: „Abschiednehmen ist wie ein kleiner Tod!"

Der Optimist: „Recht ham S', dass' heut was Schönes unternehmen!"

Der Korpulente: „Des Essen im Bahnhofsrestaurant können S' vergessen!"

Der Versicherungsagent: „Ham Sie eh a Reiseversicherung?"

Der Psychotherapeut: „Einfach wegfahren ist keine Lösung!"

Der Eisenbahnfan: „Wollen S' net morgen fahren, mit 'm Dampfsonderzug?"

Der Pendler: „Den 8 Uhr 20er ham S' eh grad versäumt!"

Der Bauarbeiter: „Du müssen gehen immer nach die Künette bis zu die Schild von Umleitung!"

Der Taxifahrer: „Z' Fuaß is auf alle Fälle z'weit!"

ISBN: 978-3-99024-088-5

92 Schlagerstars von einst aus der
beliebten Radio NÖ Sendung „Melodie
und Nostalgie". Ihre Karrieren, Plattenauf-
nahmen und Filme, mit vielen Fotos und einer CD zum Erinnern.

**Erhältlich im Buchhandel oder direkt beim
Kral-Verlag (www.kral-verlag.at)**

... und da wäre noch die Live-CD mit meinem musikalischen Kabarettprogramm. Darauf sind auch einige Lieder zu hören, deren Texte im Buch abgedruckt sind:

ISBN: 978-3-902447-61-6

Neuigkeiten, Auftrittstermine und Kontaktmöglichkeit gibt's auf meiner Internetseite:

www.petermeissner.at

Impressum

Illustrationen: Peter Meissner
Verleger und Herausgeber:
KRAL-Verlag - Kral GmbH (Inh. Robert Ivancich)
John F. Kennedy-Platz 2, A-2560 Berndorf
Tel: (0043) 2672/82236, Fax: (0043) 2672/82236-4
office@kral-verlag.at, www.kral-verlag.at

Erschienen 2013